Ann-Kathrin Lemke

DAS vegane Festtage

Vorwort

Ann-Kathrin Lemke

DAS *vegane* BACKBUCH *für Festtage*

KREATIVE REZEPTE FÜR *Weihnachten, Ostern, Halloween, Geburtstage und mehr*

riva

Bibliografische Information der Deutschen Nationalbibliothek
Die Deutsche Nationalbibliothek verzeichnet diese Publikation in der Deutschen Nationalbibliografie. Detaillierte bibliografische Daten sind im Internet über http://d-nb.de abrufbar.

Für Fragen und Anregungen
info@m-vg.de

Originalausgabe
1. Auflage 2023

Türkenstraße 89
80799 München
Tel.: 089 651285-0
Fax: 089 652096

Redaktion: Caroline Kazianka
Umschlaggestaltung: Isabella Dorsch
Umschlagabbildungen: Vorderseite: Stephanie Just; Rückseite Ann-Kathrin Lemke
Abbildungen Innenteil: Ann-Kathrin Lemke; S. 7, 89: Judith Kohn
Satz: inpunkt[w]o, Wilnsdorf (www.inpunktwo.de), Vanessa Brunner
Druck: Florjancic Tisk d.o.o., Slowenien
Printed in the EU

ISBN Print 978-3-7423-2473-3
ISBN E-Book (PDF) 978-3-7453-2249-1
ISBN E-Book (EPUB, Mobi) 978-3-7453-2250-7

Wir produzieren nachhaltig
www.m-vg.de

Weitere Informationen zum Verlag findest du unter
www.rivaverlag.de
Beachte auch unsere weiteren Verlage www.m-vg.de

Inhalt

Vorwort

Liebe Leser*innen,

für mich persönlich sind Feiertage schon immer etwas ganz Besonderes gewesen.

In meiner Kindheit gab es jeden Geburtstag, jeden Feiertag und an jedem Event, das wir als Familie gefeiert haben, einen Kuchen meiner Mama. Als kleines Kind habe ich das geliebt. Wir saßen dann alle zusammen, haben uns unterhalten und Kuchen gegessen. Ich erinnere mich gerne daran, wie faszinierend ich es fand, dass meine Mama die Rezepte alle im Kopf hatte, und wie schön der Schokoladenguss auf den Donauwellen aussah. Und egal, wie viel jeder von uns zu tun hatte, in diesen Momenten kamen wir alle gern zusammen.

Auch heute, als erwachsene Person, liebe ich diese Momente. Für mich verbindet gemeinsames Essen und schafft das Gefühl der Zusammengehörigkeit. Und nicht nur das. Bringe deinen Nachbarn, Freunden oder anderen Menschen einfach mal ein Stück Kuchen vorbei, und mit Sicherheit werden sich die Personen in 99 von 100 Fällen wahnsinnig darüber freuen.

Für mich ist von klein auf das Backen und das Teilen von Essen etwas Besonderes, und gerade an Feiertagen gehört es einfach dazu. Aber nicht nur, wenn ich mit anderen Menschen zusammen sein kann, mag ich diese Momente, sondern auch, wenn ich allein bin. Als ich Ostern während Corona zu Hause saß und nicht bei meiner Familie sein konnte, habe ich mich dennoch in aller Ruhe hingesetzt und ein Stück Kuchen genossen. Sich bewusst Zeit nehmen und Essen schön anrichten, das macht mich glücklich, und zwar nicht nur, weil ich Essen unfassbar liebe, sondern auch, weil es mich immer an die schönen Marmeladenglasmomente erinnert, die ich damit verbinde.

Ich denke, aus dem gerade Gesagten ist schon klar geworden, wie einfach es ist, mein Herz zu gewinnen. Man muss mir nur etwas zu essen mitbringen ...

Dieses Buch möchte ich vor allem den Menschen widmen, die mit mir all diese Momente geteilt und zu etwas Besonderem gemacht haben. Ich möchte es meiner Familie widmen. Meiner Mama, von der ich die Liebe zum Backen habe. Meinen beiden Schwestern, mit denen ich mich als Kind darum gestritten habe, wer das letzte Stück Kuchen essen darf und wer denn nun die Schokolade vom Marmorkuchen geklaut hat. Meinem Papa, der eine genauso große Liebe zum Essen besitzt wie ich. Aber auch meinen Tanten, Onkeln, Cousins, Cousinen und allen Freunden, die diese wunderschönen Momente und besonderen Tage mit mir geteilt haben.

Und zu guter Letzt möchte ich noch ein Wort zu den folgenden Anregungen verlieren. Alle Rezepte in diesem Buch lassen sich ganz einfach abwandeln und dem eigenen Geschmack oder auch den Vorräten anpassen. Lasse dich also gerne inspirieren und ersetze Himbeeren durch Erdbeeren, Limette durch Zitrone oder traue dich, ein bisschen zu experimentieren. Ein paar Ideen habe ich den Rezepten als Tipps beiseitegestellt.

Ich wünsche dir von Herzen ganz viele dieser Marmeladenglasmomente und hoffe, dass dieses Buch einen Teil dazu beitragen kann.

Valentinstag

Mini-Schokotartes

ZUBEREITUNGSZEIT: 2 ½ STUNDEN
KÜHLZEIT: ÜBER NACHT

Für 6 kleine Tartes

ZUTATEN:

FÜR DEN TEIG:
150 g Mehl + mehr für die Arbeitsfläche
100 g kalte vegane Butter + mehr für die Formen
50 g Puderzucker
1 Prise Salz
½ TL Vanillezucker
50 g Zartbitterschokolade

FÜR DIE FÜLLUNG:
150 g Zartbitterschokolade
200 ml Kokosmilch oder vegane Sahne
½ TL Vanillezucker

AUSSERDEM:
6 kleine Tarteformen (mit herausnehmbarem Boden)

1. Alle Zutaten außer der Schokolade für den Teig in eine Schüssel geben und mit dem Handrührgerät so lange rühren, bis eine homogene Masse entsteht.
2. Den Teig 1 Stunde kalt stellen.
3. Backofen auf 180 °C Ober-/Unterhitze vorheizen
4. Teig auf der bemehlten Arbeitsfläche ausrollen und die gefetteten Tarteformen damit auslegen. Den überschüssigen Rand abschneiden und Boden der Tartes mehrmals mit einer Gabel einstechen.
5. Tartes 15 Minuten im Ofen backen, dann herausnehmen und Teig vollständig auskühlen lassen.
6. Die 50 g Schokolade in einer Schüssel über einem Wasserbad schmelzen. Anschließend die abgekühlten Tarteformen damit ausstreichen. Die Schokolade fest werden lassen. (Dieser Schritt sorgt dafür, dass die Tarteformen fest bleiben.)
7. Für die Füllung zunächst die Schokolade in einer Schüssel über einem warmen Wasserbad schmelzen. Dann Schüssel beiseitestellen.
8. Kokosmilch und Vanillezucker in einem Topf zum Kochen bringen. Als Nächstes zur geschmolzenen Schokolade geben und gut umrühren.
9. Die Schokoladenmasse auf die Tarteböden in den Formen verteilen und Tartes am besten über Nacht kalt stellen.

Tipp:

Wenn du eine große Tarte backen willst, einfach die Füllung verdoppeln. Wer mal Abwechslung möchte, kann die Tartes auch mit Vanillepudding füllen.

Schoko-Heidelbeer-Torte

ZUBEREITUNGSZEIT: 2 ½ STUNDEN

Für 1 Torte (10–12 Stücke)

ZUTATEN:

FÜR DEN TEIG:
45 g vegane Butter/ Margarine + mehr für die Form
185 g Zucker
185 g Mehl + mehr für die Form
1 TL Backpulver
45 g Backkakao
½ TL Vanillezucker
1 Prise Salz
225 ml Pflanzendrink

FÜR DIE SCHOKOSAHNE:
110 g Zartbitterschokolade
300 g vegane Schlagsahne

FÜR DIE HEIDELBEERSAHNE:
200 g vegane Schlagsahne
150 g pürierte. passierte Heidelbeeren
50 g Zucker
Agar Agar für 500 ml Flüssigkeit

FÜR DEN FRUCHTSPIEGEL:
200 g Brombeerpüree
Agar Agar für 250 ml Flüssigkeit

AUSSERDEM:
Springform (Ø 22 cm)
Tortenring

1. Den Backofen auf 175 °C Ober-/Unterhitze vorheizen.
2. Die Springform mit Backpapier auslegen oder mit der veganen Butter/Margarine einfetten und mit Mehl bestreuen.
3. Für den Teig die vegane Butter in einen Topf geben und bei niedriger Temperatur schmelzen.
4. Alle trockenen Zutaten in einer Schüssel vermischen. Dann zuerst den Pflanzendrink und dann die geschmolzene vegane Butter zugeben, erst dann mithilfe eines Schneebesens alles so kurz wie möglich miteinander verrühren
5. Den Teig in die Springform füllen und glatt streichen. Boden 25–30 Minuten im Ofen backen.
6. Kuchen herausnehmen und Boden vollständig abkühlen lassen.
7. Den Boden mit einem Messer begradigen und auf eine Kuchenplatte setzen. Einen Tortenring um den Boden legen.
8. Für die Schokosahne die Schokolade in einer Schüssel über einem warmen Wasserbad schmelzen und beiseitestellen.
9. Die vegane Sahne in einer Schüssel steif aufschlagen, dann zügig unter die Schokolade heben. Die Masse auf den Boden geben, verstreichen und Torte kurz kalt stellen.
10. Für die Heidelbeersahnefüllung zunächst die vegane Sahne in einer Schüssel mithilfe eines Handrührgeräts aufschlagen.
11. Die restlichen Zutaten in einen Topf geben und unter Rühren 2 Minuten aufkochen. Mischung nun einen Augenblick abkühlen lassen. Dann ⅓ der Sahne unterrühren. Nach und nach die restliche Sahne vorsichtig unterheben. Die Heidelbeersahne auf die Schokoladensahne im Tortenring geben und verstreichen.
12. Für den Fruchtspiegel alle Zutaten 2 Minuten in einem Topf unter Rühren kochen. Dann Masse langsam auf die Heidelbeersahne geben und vorsichtig glatt streichen.

Tipp:

Die Heidelbeeren können durch andere Früchte wie Brombeere, Erdbeeren oder Himbeeren ersetzt werden.

Herztorte mit Erdbeeren und Mascarpone

ZUBEREITUNGSZEIT: 4 STUNDEN

Für 1 Torte (10 Stücke)

ZUTATEN:

FÜR DEN TEIG:
60 g vegane Butter/ Margarine
200 g Zucker
350 g Mehl
½ TL Vanillezucker
12 g Backpulver
1 Prise Salz
3–4 Tropfen Zitronenaroma
250 ml Pflanzendrink
100 ml Sprudelwasser

FÜR DIE ERDBEERFÜLLUNG:
400 g Erdbeeren
½ TL Vanillezucker
25–30 ml Erdbeersaft oder Wasser
30 g Speisestärke
30 g Puderzucker (optional)

FÜR DIE CREME:
200 g vegane Schlagsahne
400 g veganer Mascarpone
40 g Puderzucker
½ TL Vanillezucker
rote Lebensmittelfarbe

1. Zuerst die Springform mit Backpapier auslegen und den Backofen auf 180 °C Ober-/Unterhitze vorheizen.

2. Für den Teig die vegane Butter in einem Topf bei geringer Temperatur schmelzen.

3. Währenddessen alle trockenen Zutaten und das Zitronenaroma in eine Schüssel geben und vermischen. Dann zuerst den Pflanzendrink zugeben, danach das Sprudelwasser und als Letztes die geschmolzene vegane Butter unterrühren. Nun mit dem Schneebesen so kurz wie möglich verrühren.

4. Teig in die Springform füllen und 35–40 Minuten im Ofen backen.

5. Danach Kuchen aus dem Ofen nehmen und vollständig auskühlen lassen.

6. Währenddessen die Erdbeerfüllung zubereiten. Die Erdbeeren waschen, entstielen und vierteln. Mit dem Vanillezucker in einen Topf gegeben und 3 Minuten köcheln lassen.

7. Den Erdbeersaft in einer Tasse mit der Speisestärke verrühren, sodass keine Klümpchen mehr vorhanden sind. Die angerührte Speisestärke zu den Erdbeeren im Topf geben und alles kurz aufkochen, bis die Masse angedickt ist. Erdbeerfüllung zum Abkühlen zur Seite stellen.

8. Sobald der Kuchenboden ausgekühlt ist, die Oberfläche mit einem Messer begradigen und den Boden waagerecht halbieren. 1 Boden auf eine Tortenplatte setzen.

9. Als Nächstes die Creme zubereiten. Zunächst die Sahne in einer Schüssel mit dem Handrührgerät aufschlagen.

AUSSERDEM:
Springform (Ø 20/22 cm)
Spritzbeutel mit Lochtülle

10. Mascarpone, Puderzucker und Vanillezucker in einer Schüssel mithilfe eines Handrührgeräts zu einer homogenen Masse verrühren. Dann die Sahne unterheben.

11. 3–4 EL der Creme beiseitestellen. ¼ der Füllung in einen Spritzbeutel mit Lochtülle füllen und einen Mascarponerand auf den Kuchenboden spritzen. So wird verhindert, dass die Füllung herausläuft. Die Erdbeerfüllung in die Mitte des Mascarponerands geben. Etwas von der restlichen Creme auf die Erdbeerfüllung geben und dünn verstreichen. Dann den zweiten Boden aufsetzen. Anschließend Torte mit der restlichen Creme einstreichen und für 20 Minuten kalt stellen. Die beiseitegestellte Creme mit roter Lebensmittelfarbe einfärben und Herzen auf die Torte spritzen.

12. Die Torte sollte nun bis zum Verzehr kaltgestellt werden.

Tipp:

Wer lieber mehr Erdbeerstückchen in seiner Erdbeerfüllung haben möchte, sollte nicht alle Erdbeeren kochen, sondern 150g zur Seite legen und am Ende unter die gekochte Masse heben.

Überraschungs-Herzkuchen

ZUBEREITUNGSZEIT: 4 STUNDEN

Für 1 Kuchen (12 Stücke)

ZUTATEN:

FÜR DEN ROTEN TEIG:

65 g vegane Butter/Margarine
130 g Mehl
½ TL Backpulver
70 g Zucker
½ TL Vanillezucker
1 Prise Salz
110 ml Pflanzendrink
rote Lebensmittelfarbe (backfest)

FÜR DEN HELLEN TEIG:

130 g vegane Butter/Margarine
270 g Mehl
1 TL Backpulver
140 g Zucker
½ TL Vanillezucker
1 Prise Salz
1–2 Tropfen Zitronenaroma
220 ml Pflanzendrink

AUSSERDEM:

1 Springform (Ø 20 cm)
1 Kastenform (20 cm)
Ausstecher in Herzform
Puderzucker zum Bestreuen oder Schokolade zum Überziehen

1. Die Springform mit Backpapier auslegen und den Backofen auf 160 °C Umluft vorheizen.

2. Für den roten Teig die vegane Butter bei geringer Hitze in einem Topf schmelzen.

3. Alle trockenen Zutaten in einer Schüssel vermischen. Zuerst den Pflanzendrink, dann die vegane Butter zugeben und kurz mit dem Schneebesen verrühren. Ein paar Tropfen rote Lebensmittelfarbe untermischen.

4. Teig in die Form füllen, glatt streichen und 30 Minuten im Ofen backen.

5. Den Kuchen herausnehmen, vollständig abkühlen lassen und aus der Form heben.

6. Mit dem Herzausstecher Teigherzen ausstechen.

7. Für den hellen Teig wieder die vegane Butter in einem Topf schmelzen.

8. Die trockenen Zutaten und das Zitronenaroma in einer Schüssel verrühren. Zuerst die Pflanzendrink und dann die geschmolzene Butter zugeben und kurz verrühren.

9. Die Form erneut mit Backpapier auslegen, dann mit ¼ des hellen Teiges den Boden der Kastenformbedecken. Die ausgestochenen Herzen in der Mitte nebeneinander auf den Teigboden stellen, sodass eine Reihe von Herzen entsteht. Nun den restlichen hellen Teig über die Herzen gießen und glatt streichen. Kuchen bei 160 °C Umluft 40–45 Minuten im Ofen backen.

10. Den Kuchen aus dem Ofen nehmen, bis zum vollständigen Auskühlen in der Kastenform lassen und danach nach Belieben mit Puderzucker bestäuben oder mit Schokolade überziehen.

Tipp:

Anstelle der Herzen kannst du auch Sterne oder etwas anderes ausstechen und den Teig mit einer anderen Farbe einfärben – so lässt sich der Kuchen zu jeder Gelegenheit anpassen.

Blätterteig-Beeren-Teilchen

ZUBEREITUNGSZEIT: 1 STUNDE

Für 12 Stück

ZUTATEN:
vegane Butter für die Form
2 Rollen veganer Blätterteig
400 g veganer Skyr
30 g Puderzucker
100 g vegane Sahne
1 Pck. Puddingpulver
Abrieb von 1 Bio-Zitrone
½ TL Vanillezucker
200 g Beeren der Saison
Minzeblätter (optional)

AUSSERDEM:
Muffinblech
Puderzucker zum Bestreuen

1. Das Muffinblech gut einfetten und den Backofen auf 180 °C Unter-/Oberhitze vorheizen.
2. Die beiden Blätterteigrollen ausrollen und jeweils in 12 gleich große Vierecke schneiden. In jede Muffinmulde etwas versetzt je 2 Vierecke legen.
3. Skyr, Puderzucker, vegane Sahne, Puddingpulver, Zitronenabrieb und Vanillezucker in eine Schüssel geben und mit dem Handrührgerät zu einer glatten Masse verrühren. Masse in die mit Teig ausgelegten Muffinformmulden füllen.
4. Das Muffinblech in den Ofen schieben und Teilchen 20 Minuten backen, bis der Blätterteig eine leichte goldgelbe Farbe bekommt.
5. Das Muffinblech aus dem Ofen nehmen und die Teilchen komplett auskühlen lassen.
6. Die Beeren waschen, trocken tupfen und bei Bedarf entstielen. Minze, sofern verwendet, waschen und ebenfalls trocken tupfen.
7. Das Gebäck nach dem Auskühlen vorsichtig aus den Förmchen lösen. Teilchen mit Minze und Beeren garnieren und nach Belieben mit Puderzucker bestreuen.

Karneval

Cookies mit Schokolinsen

ZUBEREITUNGSZEIT: 1 STUNDE
KÜHLZEIT: 2 STUNDEN

Für 12–14 Cookies

ZUTATEN:
180 g Mehl
50 g weißer Zucker
60 g brauner Zucker
4 g Backpulver
1 Prise Salz
½ TL Vanillezucker
120 g vegane Butter
80 g vegane Schokodrops
80 g vegane Schokolinsen

1. Mehl, Zucker, Backpulver, Salz, Vanillezucker und vegane Butter in eine Schüssel geben und mit den Knethaken eines Handrührgerät zu einem Teig verkneten.
2. Die Schokodrops unter den Teig heben.
3. Den Teig 2 Stunden kalt stellen.
4. Den Backofen auf 180 °C Umluft vorheizen und 2 Backbleche mit Backpapier auslegen.
5. Aus dem Teig 12–14 Kugeln formen, diese mit Abstand zueinander auf die Backbleche setzen und leicht platt drücken. Die Schokolinsen auf den Keksen verteilen und leicht andrücken.
6. Cookies 10 Minuten im Ofen backen, dann herausnehmen und abkühlen lassen.

Belgische Hefewaffeln

ZUBEREITUNGSZEIT: 2 STUNDEN

Für 12 Stück

ZUTATEN:
280 g vegane Butter/ Margarine
220 ml Pflanzendrink
500 g Mehl
14 g Trockenhefe oder 42 g frische Hefe
40 g Zucker
½ TL Vanillezucker
1 Prise Salz
150 g Hagelzucker

AUSSERDEM:
Waffeleisen
Fett für das Waffeleisen

1. Die vegane Butter/Margarine mit dem Pflanzendrink in einem Topf leicht erwärmen, bis die Butter geschmolzen ist.
2. Die trockenen Zutaten bis auf den Hagelzucker in einer Schüssel vermischen. Butterersatz-Pflanzendrink-Mischung zu den trockenen Zutaten geben und alles gut mit den Knethaken eines Handrührgeräts verkneten.
3. Den Teig nun an einem wärmeren Ort ca. 1 Stunde abgedeckt gehen lassen, bis sich sein Volumen etwa verdoppelt hat.
4. Nun den Hagelzucker unter den Hefeteig heben.
5. Den Teig in 12 gleich große Portionen aufteilen und diese jeweils zu einer Kugel formen. Ein Waffeleisen einfetten und erhitzen. Jeweils 1 Teigkugel in das Waffeleisen setzen und zu einer goldbraunen Waffel ausbacken. Zwischendurch Waffeleisen immer wieder einfetten.
6. Die Waffeln am besten noch warm verzehren.

Bienenstich-Berliner

ZUBEREITUNGSZEIT: 3 STUNDEN

Für 10–12 Stück

ZUTATEN:

FÜR DEN TEIG:

450 g Mehl + mehr für die Arbeitsfläche und das Tuch
21 g frische Hefe oder 7 g Trockenhefe
220 ml Pflanzendrink
60 g Zucker
50 g vegane Butter/Margarine
1 Prise Salz

FÜR DEN BELAG:

50 g vegane Sahne
65 g vegane Butter
45 g Zucker
15 g Agavendicksaft
100 g Mandelblättchen

FÜR DIE FÜLLUNG:

400 ml Pflanzendrink
1 Pck. Vanillepuddingpulver
200 g vegane Schlagsahne
50 g Zucker
2 EL SanApart

AUSSERDEM:

Spritzbeutel mit Lochtülle

1. Den Backofen auf 180 °C Ober-/Unterhitze vorheizen.

2. Für den Teig das Mehl in eine Schüssel geben und eine kleine Mulde in die Mitte drücken. Die Hefe in die Mulde bröseln.

3. Den Pflanzendrink in einem Topf auf ca. 35 °C erwärmen und mit 20 g Zucker in die Mulde gießen. Alles gut mit dem Handrührgerät vermengen. Teig mit einem Tuch bedeckt 10 Minuten gehen lassen.

4. In der Zwischenzeit die Butter in einem Topf bei geringer Hitze schmelzen.

5. Den restlichen Zucker, das Salz und die geschmolzene Butter zum Teig geben und alles gut durchkneten, bis der Teig nicht mehr klebt.

6. Teig auf einer bemehlte Arbeitsfläche mit den Händen gut durchkneten, dann weitere 20 Minuten ruhen lassen.

7. Danach aus dem Teig 10–12 Kugeln formen.

8. Ein Backblech mit Backpapier auslegen und dieses mit Mehl bestäuben. Die Teigkugeln daraufsetzen, mit einem Tuch bedecken und an einem warmen Ort weitere 30 Minuten gehen lassen.

9. Die Berliner auf der mittleren Schiene in den vorgeheizten Ofen schieben und zunächst 10–15 Minuten backen.

10. Für den Belag Sahne, Butter, Zucker und Agavendicksaft in einen Topf geben und 5 Minuten köcheln lassen. Anschließend die Mandelblättchen einrühren. Die Mandelmasse gleichmäßig auf den Berlinern verteilen. Anschließend die Berliner für weitere 5–10 Minuten backen. Herausnehmen und auf einem Kuchenrost abkühlen

Tipp:

Die Berliner können nachdem Backen auch halbiert und dann mit der Creme gefüllt werden, falls keine geeignete Lochtülle vorhanden ist.

11. Währenddessen für die Füllung Pflanzendrink und Zucker in einem Topf zum Kochen bringen. Die Hitze reduzieren, das Puddinpulver mit dem Schneebesen einrühren und Pudding unter Rühren köcheln lassen, bis er andickt. Pudding in eine Schüssel umfüllen und abkühlen lassen.

12. Die Sahne in eine Schüssel geben und mit dem Handrührgerät steif schlagen. Anschließend das SanApart einrieseln lassen und noch einmal kurz unterrühren. Den abgekühlten Pudding nochmals durchrühren, bis er cremig ist. Die Sahne unter den Pudding heben und die Creme in einen Spritzbeutel mit Lochülle füllen.
Die Vanillecreme in die abgekühlten Berliner spritzen. Berliner am besten frisch genießen.

Donuts

ZUBEREITUNGSZEIT: 2½ STUNDEN

Für 8–10 große oder 16–20 kleine Donuts

ZUTATEN:
450 g Mehl + mehr für die Arbeitsfläche
90 g Zucker
¼ TL Salz
21 g frische Hefe oder 7 g Trockenhefe
1 TL Vanillezucker
200 ml Pflanzendrink
65 g vegane Butter/Margarine

AUSSERDEM:
1–2 l Öl zum Frittieren
1 großer runder Ausstecher und 1 kleiner runder Ausstecher oder Donut-Ausstecher
Dekoration nach Belieben

1. Mehl, Zucker, Salz, Hefe und Vanillezucker in einer Schüssel vermischen.

2. Den Pflanzendrink mit der veganen Butter in einem Topf erwärmen, bis die Butter geschmolzen ist. Mischung zu den trockenen Zutaten geben und mit den Knethaken eines Handrührgeräts oder den Händen verkneten, bis der Teig nicht mehr klebt.

3. Teig zugedeckt an einem warmen Ort ca. 1 Stunde gehen lassen.

4. Den Teig auf einer leicht bemehlten Arbeitsfläche etwa 1 cm dick ausrollen. Mit einem großen runden Ausstecher 8 Kreise ausstechen und mit dem kleinen Ausstecher in der Mitte jeweils ein kleines Loch ausstanzen. (Oder einen Donut-Ausstecher verwenden.)

5. 2 Backbleche mit Backpapier auslegen und die Donuts mit Abstand zueinander daraufsetzen. Die Donuts nochmals 20 Minuten gehen lassen.

6. Frittieröl in einem hohen Topf erhitzen (auf ca. 160 °C). Je 2–3 Donuts vorsichtig hineingeben (siehe Tipp) und 1–2 Minuten frittieren, dann mit einem Kochlöffel umdrehen, weiter frittieren, mit einer Schöpfkelle herausnehmen und auf Küchenpapier abtropfen lassen. Abgekühlte Donuts nach Belieben dekorieren. Am besten schmecken sie frisch, sie lassen sich aber auch gut einfrieren.

Tipp:

Um die rohen Teiglinge ins Fett zu geben, ohne dass sie ihre Form verlieren, gibt es folgenden Trick: Jeden Donut auf einem kleinen Stück Backpapier gehen lassen. Donut mit dem Papier ins heiße Fett legen, das Papier dann mit einer Grillzange herausziehen.

Heidelbeer-Joghurt-Gugelhupf

ZUBEREITUNGSZEIT: 1 ½ STUNDEN

Für 1 Gugelhupf (12–14 Stücke)

ZUTATEN:

FÜR DEN TEIG:

45 g vegane Butter/Margarine + mehr für die Form
235 g Mehl + mehr für die Form
160 g Zucker
8 g Backpulver
1 Prise Salz
½ TL Vanillezucker
Abrieb von 1 Bio-Zitrone
330 g veganer Joghurt oder Skyr
200 g Heidelbeeren

FÜR DEN GUSS:

30 ml Himbeer- oder Erdbeersaft
100 g Puderzucker

DEKORATION:

100 g Zuckerstreusel

AUSSERDEM:

Gugelhupfform (Ø 22 cm)

1. Den Backofen auf 180 °C Ober-/Unterhitze vorheizen. Die Gugelhupfform einfetten und mit Mehl bestäuben.
2. Den veganen Butterersatz in einem Topf bei geringer Hitze schmelzen.
3. Alle trockenen Zutaten und den Zitronenabrieb in einer Schüssel vermischen.
4. Anschließend den Joghurt und den geschmolzenen veganen Butterersatz kurz mit einem Kochlöffel unterrühren.
5. Die Heidelbeeren waschen, trocken tupfen und mit dem Kochlöffel unterheben.
6. Den Teig in die vorbereitete Gugelhupfform füllen und 55–60 Minuten im Ofen backen.
7. Kuchen aus dem Ofen nehmen, gut auskühlen lassen und aus der Form heben.
8. Für den Guss Himbeersaft und Puderzucker in einer Tasse verrühren, bis eine dickflüssige rosa Glasur entsteht. Den Kuchen damit bestreichen.
9. Die Zuckerstreusel auf dem Guss verteilen, bevor dieser fest wird.

Tipp:

Anstelle der Heidelbeeren eignen sich auch andere Beeren, zum Beispiel Himbeeren. Wer den Guss gerne etwas farbenfroher haben möchte, kann diesen zusätzlich mit Speisefarbe einfärben. Der Kuchen lässt sich auch gut in einer Kastenform (20 cm) backen.

HAPPEE
BIRTHDAE
HARRY

Geburtstag

Erdnuss-Karamell-Torte

ZUBEREITUNGSZEIT: 4 STUNDEN
KÜHLZEIT: 2 STUNDEN

Für 1 Torte (12 Stücke)

ZUTATEN:

FÜR DEN TEIG:
50 g vegane Butter/ Margarine
220 g Mehl
60 g Backkakao
1 TL Backpulver
160 g Zucker
1 Prise Salz
½ TL Vanillezucker
275 ml Pflanzendrink

FÜR DAS KARAMELL:
125 g Zucker
180 g vegane Sahne
50 g vegane Butter
10 g vegane weiße Schokolade
130 g geröstete, gesalzene Erdnüsse

FÜR DIE FÜLLUNG:
300 g vegane Crème fraîche
90 g Erdnussmus
3 EL SanApart
200 g vegane Schlagsahne

FÜR DIE SCHOKOGLASUR:
100 g Zartbitterschokolade
100 g vegane Sahne

1. Den Backofen auf 180 °C Umluft vorheizen, die Springform einfetten und mit Mehl bestäuben.

2. Für den Teig den Butterersatz in einem Topf bei geringer Hitze schmelzen.

3. Mehl, Backkakao, Backpulver, Zucker, Salz und Vanillezucker in einer Schüssel vermischen.

4. Zuerst den Pflanzendrink und dann den veganen Butterersatz zu den trockenen Zutaten geben. Alles kurz mithilfe eines Schneebesens verrühren. Teig in die Springform füllen und 25–30 Minuten im Ofen backen.

5. Den Kuchen aus dem Ofen nehmen und vollständig auskühlen lassen.

6. Für die Karamellschicht ⅓ des Zuckers in einen etwas größeren Topf geben und ohne Rühren bei mittlerer Hitze langsam schmelzen.

7. Sobald der Zucker anfängt, sich zu verflüssigen, aufpassen, denn er brennt schnell an. Sofort neuen Zucker daraufstreuen, bis ca. die Hälfte des Zuckers im Topf ist. Wenn der Zucker wieder flüssig wird, den restlichen Zucker einrühren und schmelzen.

8. Währenddessen vegane Sahne in einen kleineren Topf geben und bei hoher Hitze erwärmen.

9. Sobald der Zucker ganz geschmolzen ist und eine Bernsteinfarbe angenommen hat, die kochende Sahne einrühren. Dabei am besten den Topf kurz von der Herdplatte nehmen. Nicht erschrecken, wenn es ordentlich blubbert, und auf die Finger aufpassen. Die ganze Zeit weiterrühren. Wenn sich das Ganze etwas beruhigt hat, Topf wieder auf den Herd stellen. Karamell bei mittlerer Hitze köcheln lassen, bis sich die Karamelstücke, die eventuell entstanden sind, wieder aufgelöst haben. Sobald das Karamell wieder ganz flüssig ist, die Temperatur erhöhen und Karamell 5 Minuten kochen lassen.

AUSSERDEM:
Springform (Ø 22 cm)
Tortenring
Spritzbeutel mit Lochtülle

10. Topf vom Herd nehmen und Karamell abkühlen lassen, bis er nur noch lauwarm ist. Dann die vegane Butter und weiße Schokolade dazugeben und unter Rühren schmelzen.

11. Die Erdnüsse hacken und unter das Karamell heben.

12. Für die Füllung Crème fraîche in einer Schüssel mit dem Erdnussmus und 2 EL SanApart verrühren.

13. Vegane Sahne in eine Schüssel geben und mit dem Handrührgerät aufschlagen. Sobald sie steif wird, das restliche SanApart reinrieseln lassen und unterrühren. Sahne unter die Crème-fraîche-Masse heben.

14. Den Kuchenboden auf eine Tortenplatte setzen und einen Tortenring darumlegen. Einen Teil der Creme in einen Spritzbeutel füllen und einen Rand auf den Boden spritzen.

15. Das Karamell in die Mitte des Cremerandes löffeln und vorsichtig verstreichen. Die restliche Creme auf dem Karamell verstreichen.

16. Für die Glasur die Zartbitterkuvertüre grob hacken und in einer Schüssel über einem warmen Wasserbad schmelzen.

17. Die vegane Sahne in einem Topf aufkochen und dann zur geschmolzenen Schokolade geben. Das Ganze so lange verrühren, bis eine homogene Masse entstanden ist.

18. Die Glasur kurz abkühlen lassen und dann auf der Torte verstreichen.

19. Die Torte bis zum Servieren (für mindestens 2 Stunden) mit dem Tortenring kalt stellen.

Schokoriegel-Torte mit Schokolinsen

ZUBEREITUNGSZEIT: 1 ½ STUNDEN

Für 1 Torte (10 Stücke)

ZUTATEN:

FÜR DEN TEIG:
90 g vegane Butter/Margarine + mehr für die Form
380 g Mehl + mehr für die Form
80 g Backkakao
2 TL Backpulver
300 g Zucker
1 Prise Salz
1 TL Vanillezucker
440 ml Pflanzendrink

FÜR DIE FÜLLUNG:
300 g vegane Mascarpone
150 g veganer Frischkäse
Abrieb von 1 Bio-Zitrone
80 g Puderzucker

FÜR DIE DEKO:
400 g vegane Schokoriegel (ca. 40 Stück)
150 g vegane Schokolinsen

AUSSERDEM:
Springform (Ø 22 cm)

1. Den Backofen auf 180 °C Ober-/Unterhitze vorheizen.
2. Den Boden einer Springform einfetten und mit etwas Mehl bestäuben.
3. Für den Teig den Butterersatz in einem Topf bei geringer Hitze schmelzen.
4. Mehl, Backkakao, Backpulver, Zucker, Salz und Vanillezucker in einer Schüssel vermischen.
5. Zuerst den Pflanzendrink und dann den veganen Butterersatz zu den trockenen Zutaten geben und mit dem Schneebesen kurz verrühren. Den Teig in die Springform füllen und 40–45 Minuten im Ofen backen.
6. Den Boden aus dem Ofen nehmen und vollständig auskühlen lassen.
7. Für die Füllung Mascarpone, Frischkäse, Zitronenabrieb und Puderzucker in einer Schüssel verrühren.
8. Den ausgekühlten Boden aus der Form nehmen und zweimal waagerecht durchschneiden, sodass 3 Böden entstehen.
9. Den ersten Boden auf eine Tortenplatte setzen und mit etwas Creme bestreichen. Den nächsten Boden auflegen und wieder mit Creme bestreichen. Den letzten Boden daraufsetzen und Torte rundum mit der restlichen Creme einstreichen.
10. Die Schokoriegel um den Rand der Torte stellen und leicht andrücken. Nun die Schokolinsen auf der Torte verteilen und Torte bis zum Servieren kalt stellen.

Tipp:

Wer möchte, kann noch eine bunte Schleife am Rand der Torte anbringen.

Torte für Potter-Fans

ZUBEREITUNGSZEIT: 2 STUNDEN

Für 1 Torte (12–14 Stücke)

ZUTATEN:

FÜR DIE BUTTERCREME:
- 2 Pck. Vanillepuddingpulver
- 600 ml Pflanzendrink
- 50 g Zucker
- 300 g vegane Butter (Zimmertemperatur)

FÜR DEN MÜRBETEIGBODEN:
- 120 g Mehl + mehr für die Arbeitsfläche
- 60 g Zucker
- 85 g vegane Butter
- 1 Prise Salz

FÜR DEN TEIG:
- 100 g vegane Butter/Margarine
- 120 g Backkakao
- 440 g Mehl
- 320 g Zucker
- 2 TL Backpulver
- 1 TL Vanillezucker
- 1 Prise Salz
- 550 ml Pflanzendrink

FÜR DIE FÜLLUNG:
- 50 g Erdbeerkonfitüre

1. Für die Buttercreme das Puddingpulver in einer Schüssel mit 8 EL Pflanzendrink vermischen. Den restlichen Pflanzendrink mit 20 g Zucker in einen Topf geben und aufkochen. Das angerührte Puddingpulver untermischen und Masse unter Rühren 1 Minute kochen lassen.

2. Den Pudding in eine Schale füllen und den restlichen Zucker darüberstreuen, damit der Pudding keine Haut bekommt. Den Pudding bei Zimmertemperatur abkühlen lassen.

3. 1 Springformen mit Backpapier auslegen und den Backofen auf 180 °C Umluft vorheizen.

4. Alle Zutaten für den Mürbeteig in einer Schüssel mit dem Handrührgerät oder den Händen zu einem Teig verkneten. Auf einer leicht bemehlten Arbeitsfläche ausrollen und den Boden der Form damit auslegen. Boden mehrfach mit einer Gabel einstechen. Form in den Ofen schieben und Boden 10 Minuten backen.

5. Für den Teig die Butter in einem Topf bei geringer Hitze schmelzen.

6. Alle trockenen Zutaten in einer Schüssel vermischen. Anschließend den Pflanzendrink und den Butterersatz dazugeben und kurz mit dem Schneebesen verrühren.

7. Beide Springformen mit Backpapier auslegen und jeweils die Hälfte des Teiges einfüllen. 35 Minuten bei 180 °C Umluft im Ofen backen. Böden jeweils gut auskühlen lassen.

8. Sobald Pudding und Böden abgekühlt sind, für die Butttercreme die vegane Butter in eine Schüssel geben und mit dem Handrührgerät aufschlagen. Den Pudding am besten durch ein Sieb streichen und nach und nach unter die Butter mischen. Dabei darauf achten, dass vegane Butter und Pudding Zimmertemperatur haben, da sonst die Buttercreme gerinnt.

AUSSERDEM:
2 Springformen (Ø 20 cm)
rosa und grüne Lebensmittelfarbe
Spritzbeutel mit Lochtülle

9. 60 g der Buttercreme zur Seite stellen. Die restliche Buttercreme mit Lebensmittelfarbe rosa/pink einfärben. Den Mürbeteigboden auf eine Tortenplatte setzen und mit Erdbeerkonfitüre bestreichen. 1 Boden daraufsetzen und mit ca. ⅓ der Creme bestreichen. Dann den zweiten Boden auflegen und die Torte mit der restlichen Creme einstreichen.

10. Die zur Seite gestellte Creme mit der grünen Lebensmittelfarbe einfärben und in einen Spritzbeutel mit Lochtülle füllen. Die Schrift »Happee Birthdae Harry« auf die Torte spritzen und Torte bis zum Servieren kalt stellen.

Schoko-Kirsch-Biskuitrolle

ZUBEREITUNGSZEIT: 1 ½ STUNDEN

Für 10–12 Stücke

ZUTATEN:

FÜR DEN TEIG:
25g vegane Butter/ Margarine
120 g Mehl
60 g Backkakao
80 g Zucker + mehr für zum Bestreuen
1 TL Backpulver
1 Prise Salz
½ TL Vanillezucker
70 g Apfelmus
140 ml Pflanzendrink

FÜR DAS KIRSCHKOMPOTT:
200 g entsteinte Kirschen aus dem Glas
25g Zucker
20 g Speisestärke

FÜR DIE CREME:
80 g vegane weiße Schokolade
300 g vegane Crème fraîche
200 g vegane Schlagsahne
100 g Schokoraspel + 50 g für den Rand

1. Den Backofen auf 180 °C Ober-/Unterhitze vorheizen und ein Backblech mit Backpapier auslegen.

2. Den Butterersatz in einem Topf bei geringer Hitze schmelzen.

3. Alle trockenen Zutaten und Apfelmus in einer Schüssel vermischen. Zuerst den Pflanzendrink, dann den geschmolzenen Butterersatz zugeben und anschließend alles kurz mit dem Schneebesen verrühren.

4. Den Schokoteig gleichmäßig auf dem Backblech verstreichen und 15 Minuten im Ofen backen. Der Boden sollte stabil, aber nicht fest sein.

5. Wenn der Boden fertig ist, aus dem Ofen nehmen und ca. 5 Minuten abkühlen lassen.

6. In der Zwischenzeit ein Geschirrtuch mit Zucker bestreuen und dann den Schokoladenkuchen mit der Oberseite auf das Geschirrtuch stürzen und vorsichtig das Backpapier abziehen.

7. Den Teig vollständig auskühlen lassen.

8. In der Zwischenzeit das Kirschkompott zubereiten. Dazu die Kirschen durch ein Sieb abgießen und dabei 100 ml Saft auffangen. Einige Kirschen zum Garnieren beistestellen. Kirschsaft, Zucker und Speisestärke in einen Topf geben und unter ständigem Rühren aufkochen. Anschließend die Kirschen unterheben und das Ganze abkühlen lassen.

9. Für die Creme zunächst die weiße Schokolade in einer Schüssel über einem warmen Wasserbad schmelzen. Schüssel zur Seite stellen und Crème fraîche mit der weißen Schokolade verrühren.

10. Die vegane Sahne in einer Schüssel mit dem Handrührgerät aufschlagen. Die Sahne unter die Crème fraîche Masse geben und die Hälfte der Creme beiseitestellen..

11. Dann die Schokoraspel unter die restliche Creme heben.

12. Das vorsichtig aufrollen muss hier gestrichen werden. Am besten in: Das Kirschkompott auf dem Biskuitboden verteilen, dann vorsichtig die Creme darauf verteilen. Dabei darauf achten das ein paar Zentimeter Patz am Rand gelassen werden. Die Biskuitrolle vorsichtig aufrollen.

13. Anschließend die Biskuitrolle mit der restlichen beiseitegestellten Creme einstreichen und nach Belieben mit Kirschen, Schokoraspel und Sahnetupfen garnieren.

Tipp:

Sollte der Boden beim Aufrollen reißen, dann die Biskuitrolle trotzdem vorsichtig weiter aufrollen und anschließend mit der Creme außen einstreichen. Der Riss wird durch die Füllung fixiert.

Haselnuss-Nugat-Torte (No Bake)

ZUBEREITUNGSZEIT: 1 STUNDE
KÜHLZEIT: 2 STUNDEN

Für 1 Torte (10 Stücke)

ZUTATEN:

FÜR DEN BODEN:
200 g vegane Butterkekse
150 g geröstete Haselnüsse
130 g vegane Butter

FÜR DEN BELAG:
250 g vegane Schlagsahne
500 g veganer Mascarpone
40 g Puderzucker
½ TL Vanillezucker
150 g Nugat
100 g gemahlene Haselnüsse

FÜR DAS TOPPING:
50 g Nugat
75 g vegane Schokolade
100 g vegane Sahne

AUSSERDEM:
Springform (Ø 20 cm)

1. Butterkekse in einen Gefrierbeutel geben und mit einem Rollholz zerkrümeln.
2. Haselnüsse und Butterkekskrümel in einer Schüssel vermischen.
3. Die vegane Butter in einem Topf bei geringer Hitze schmelzen. Dann zu den Krümeln in die Schüssel gießen und alles mithilfe eines Löffels vermengen.
4. Springformboden mit Backpapier auslegen, den Teig hineingeben und festdrücken.
5. Für den Belag die vegane Sahne in einer Schüssel mit dem Handrührgerät aufschlagen.
6. Mascarpone, Puderzucker und Vanillezucker ebenfalls in eine Schüssel geben und mit dem Handrührgerät cremig rühren. Sahne unterheben.
7. Nugat in einer Schüssel über einem warmen Wasserbad erwärmen, bis er sich gut kneten lässt. Er sollte dabei nicht wärmer als 37 °C werden.
8. Den Nugat mit der Hälfte der Mascarponecreme verrühren und diese Masse auf den Keksboden streichen. Unter die restliche Mascarponecreme die gemahlenen Haselnüsse heben, auf die Nougat-Mascarpone geben und ebenfalls glatt streichen.
9. Für das Topping Nugat und Schokolade in einer Schüssel über einem warmen Wasserbad schmelzen.
10. Die vegane Sahne in einem Topf zum Kochen bringen und zu der Nugat-Schokolade-Masse geben. Alles gut verrühren und kurz abkühlen lassen.
11. Das Topping auf dem Mascarpone verstreichen und die Torte mindestens 2 Stunden kalt stellen.

Oreo-Torte

ZUBEREITUNGSZEIT: 2 STUNDE
KÜHLZEIT: 1 STUNDE

Für 1 Torte (10 Stücke)

ZUTATEN:

FÜR DEN TEIG:

30 g vegane Butter/ Margarine + mehr für die Form
125 g Zucker
155 g Mehl
½ TL Backpulver
½ TL Vanillezucker
1 Prise Salz
150 ml Pflanzendrink

FÜR DEN BELAG:

200 g vegane Schlagsahne
300 g veganer Joghurt
50 g Puderzucker
Menge Agar Agar für 500 ml Flüssigkeit
100 g Oreokekse

FÜR DAS TOPPING:

125 g Zartbitterschokolade
125 g vegane Sahne
optional: 10 Oreos zur Dekoration

AUSSERDEM:

Springform (Ø 20 cm)
Tortenring

1. Den Backofen auf 180 °C Ober-/Unterhitze vorheizen und die Springform einfetten.

2. Für den Teig den Butterersatz in einem Topf bei geringer Hitze schmelzen.

3. Alle trockenen Zutaten in einer Schüssel vermischen. Zuerst den Pflanzendrink, dann den geschmolzenen Butterersatz dazugeben und mit einem Schneebesen verrühren.

4. Den Teig in die Springform füllen und 25–30 Minuten im Ofen backen. Herausnehmen und Boden vollständig abkühlen lassen Den Kuchenboden auf eine Tortenplatte setzen und einen Tortenring außen rumlegen.

5. Die Oreokekse kleinhacken und zur Seite stellen.

6. Für den Belag die Sahne in einer Schüssel mit dem Handrührgerät aufschlagen.

7. Joghurt, Puderzucker und Agar Agar in einem Topf verrühren und unter Rühren 2 Minuten köcheln lassen. Anschließend ein paar Minuten abkühlen lassen und dann nach und nach die vegane Sahne unterheben. Danach die Oreokekse unterheben.

8. Den Belag auf dem Tortenboden verteilen und glatt streichen.

9. Die Torte kalt stellen, bis die Masse fest geworden ist.

10. In der Zwischenzeit das Topping zubereiten. Schokolade in einer Schüssel über einem warmen Wasserbad schmelzen und Schüssel beiseitestellen

11. Die Sahne in einem Topf aufkochen, dann mit der Schokolade verrühren. Die Masse kurz abkühlen lassen, dann auf die Oreofüllung geben und glatt streichen. Die Torte für mindestens 1 Stunde kalt stellen.

12. Optional die Torte mit Oreos dekorieren.

Tipps:

Wer lieber einen Schokoboden haben möchte, der kann 30 g des Mehls durch Kakaopulver ersetzen.
Um die Füllung der Torte ein bisschen frischer zu machen, dem Joghurt etwas Zitronenabrieb zufügen.
Statt einer großen Torte kann man auch 6 kleine Törtchen zubereiten.

Naked Schokotorte

ZUBEREITUNGSZEIT: 2 STUNDEN

Für 1 Torte
(10–12 Stücke)

ZUTATEN:

FÜR DEN TEIG:
90 g vegane Butter/ Margarine + mehr für die Form
380 g Mehl
90 g Backkakao
240 g Zucker
2 TL Backpulver
½ TL Vanillezucker
1 Prise Salz
150 g vegane Schokodrops
450 ml Pflanzendrink

FÜR DIE FÜLLUNG:
250 g vegane Schokolade
400 g vegane Schlagsahne

ZUM GARNIEREN:
300 g Beeren

AUSSERDEM:
2 Springformen (Ø 22 cm)

1. Den Backofen auf 180 °C Ober-/Unterhitze vorheizen.
2. Für den Teig den Butterersatz in einem Topf bei geringer Hitze schmelzen.
3. Alle trockenen Zutaten in einer Schüssel vermischen. Zuerst den Pflanzendrink, dann den geschmolzenen Butterersatz zugeben und mit dem Schneebesen kurz verrühren.
4. Die Springformen einfetten, jeweils die Hälfte des Teiges einfüllen und 30 Minuten im Ofen backen.
5. Die Böden vollständig abkühlen lassen.
6. Für die Füllung, die Schokolade in einer Schüssel über einem warmen Wasserbad schmelzen. Schüssel zur Seite stellen.
7. Sahne in einer Schüssel mit dem Handrührgerät aufschlagen. Dann nach und nach unter die Schokolade heben.
8. 1 Boden auf eine Tortenplatte setzen und mit Schokosahne bestreichen, dabei nicht ganz bis zum Rand gehen. Den zweiten Boden aufsetzen und die restliche Creme oben auf der Torte verteilen.
9. Beeren waschen, evtl entstielen und Torte damit garnieren.
10. Die Torte bis zum Verzehr kalt stellen.

Tipp:

Wer es gerne etwas fruchtiger mag, kann auf die Böden zuerst noch etwas Fruchtaufstrich streichen.

Schoko-Cheesecake

ZUBEREITUNGSZEIT: 2 STUNDEN

Für 1 Kuchen (10 Stücke)

ZUTATEN:

FÜR DEN CHEESECAKE-TEIG:

45 g vegane Butter
½ Pck. Puddingpulver oder 20 g Speisestärke
50 g vegane Sahne
200 g veganer Skyr
50 g veganer Frischkäse oder Crème fraîche
45 g Puderzucker
1 Prise Salz

FÜR DEN SCHOKOTEIG:

45 g vegane Butter/Margarine
190 g Mehl
150 g Zucker
45 g Backakakao
1 TL Backpulver
1 Prise Salz
½ TL Vanillezucker
240 ml Pflanzendrink

AUSSERDEM:

Kastenform (20 cm) oder Springform (Ø 20 cm)

1. Den Backofen auf 180 °C Ober-/Unterhitze vorheizen und eine Kastenform mit Backpapier auslegen.
2. Für den Cheesecake-Teig zuerst den veganen Butterersatz in einem Topf bei geringer Hitze schmelzen.
3. Das Puddingpulver in einer Schüssel mit der veganen Sahne verrühren. Anschließend Skyr, Frischkäse, Puderzucker, Salz und veganen Butterersatz dazugeben und mithilfe eines Schneebesens glatt rühren.
4. Den Cheesecaketeig zur Seite stellen und als Nächstes den Schokoteig zubereiten.
5. Dafür den veganen Butterersatz in einem Topf bei geringer Hitze schmelzen.
6. Mehl, Zucker, Backkakao, Backpulver, Salz und Vanillezucker in einer Schüssel vermischen. Zuerst den Pflanzendrink und dann den Butterersatz dazugeben und anschließend kurz mithilfe eines Schneebesens verrühren.
7. Den Schokoteig in die vorbereitete Kastenform füllen und den Cheesecaketeig daraufgeben. Mit einer Gabel durchziehen, sodass ein Muster wie bei Marmorkuchen entsteht.
8. Den Kuchen 50 Minuten im Ofen backen, dann vollständig auskühlen lassen.

Einschulung

Torte mit Schokolinsen

ZUBEREITUNGSZEIT: 3 STUNDE
KÜHLZEIT: 2 STUNDEN

Für 1 Torte (10–12 Stücke)

ZUTATEN:

FÜR DEN TEIG:

90 g vegane Butter/ Margarine + mehr für die Form
400 g Mehl
90 g Backkakao
250 g Zucker
2 TL Backpulver
½ TL Vanillezucker
1 Prise Salz
450 ml Pflanzendrink

FÜR DIE DEKO UND FÜLLUNG:

200 g vegane Sahne
500 g Zartbitterkuvertüre
60 g Himbeerkonfitüre
300 g vegane Schokolinsen

AUSSERDEM:

2 Springformen (Ø 22 cm)
Spritzbeutel mit Lochtülle
1 runder Ausstecher (Ø 8–9 cm)

1. Den Backofen auf 180 °C Ober-/Unterhitze vorheizen.

2. Für den Teig den Butterersatz in einem Topf bei geringer Hitze schmelzen.

3. Alle trockenen Zutaten in einer Schüssel vermischen. Zuerst den Pflanzendrink, dann den geschmolzenen Butterersatz zugeben und kurz mit dem Schneebesen verrühren.

4. Die Springformen einfetten, jeweils die Hälfte des Teiges hineinfüllen und 30 Minuten im Ofen backen.

5. Herausnehmen und Böden vollständig abkühlen lassen.

6. Für die Füllung vegane Sahne in einem Topf aufkochen.

7. Die Zartbitterkuvertüre hacken und in einer Schüssel über einem warmen Wasserbad schmelzen. Die Sahne zugeben und beides zu einer homogenen Masse verrühren.

8. 2–3 EL der Masse in einen Spritzbeutel füllen.

9. Jeden Boden einmal waagerecht durchschneiden, sodass insgesamt 4 Böden entstehen. Bei 2 Böden jeweils in der Mitte einen Kreis ausstechen.

10. 1 ganzen Boden auf eine Tortenplatte setzen.

11. Die Himbeerkonfitüre in einem Topf aufkochen. 3–4 EL davon auf dem Boden verstreichen. Etwa ⅓ der Creme darauf verteilen und dann den ersten Boden mit Loch auflegen. Wieder mit 3–4 EL Konfitüre und knapp der Hälfte der Creme bestreichen. Dann den zweiten Boden mit Loch auflegen. Gut ¾ der übrigen Creme daraufstreichen. Jetzt noch den Rand des Loches glätten, dazu die dort austretende Creme dünn verstreichen. Das Loch mit den Schokolinsen füllen (einige davon zum Garnieren beiseitestellen) und zum Schluss den letzten Boden auflegen.

12. Die Torte dünn mit der restlichen Creme einstreichen und mindestens 2 Stunden in den Kühlschrank stellen (bis die Creme fest geworden ist).

13. Vor dem Servieren mit der Creme im Spritzbeutel kleine Tupfen auf die Torte spritzen und auf jeden Tupfen 1 Schokolinse legen.

Tipp:

Wer lieber einen hellen Kuchen möchte, kann den Kakao durch Mehl ersetzen.

Cookietorte

ZUBEREITUNGSZEIT: 3 STUNDEN
KÜHLZEIT: 3 1/2 STUNDEN

Für 1 Torte (10–12 Stücke)

ZUTATEN:

FÜR DIE COOKIES:
120 g kalte vegane Butter
110 g Zucker
180 g Mehl
½ TL Backpulver
1 Prise Salz
½ TL Vanillezucker
100 g vegane Schokodrops

FÜR DEN BODEN:
90 g vegane Butter/
Margarine + mehr
für die Formen
460 g Mehl
250 g Zucker
2 TL Backpulver
½ TL Vanillezucker
1 Prise Salz
450 ml Pflanzendrink
150 g vegane Schokodrops

FÜR DIE FÜLLUNG:
125 g vegane Schokolade
200 g vegane Schlagsahne

ZUM GARNIEREN:
300 g vegane Butter
125 g Puderzucker

1. Für die Cookies alle Zutaten außer den Schokodrops in einer Schüssel mit dem Handrührgerät verkneten. Dann die Schokodrops einarbeiten. Den Teig 2 Stunden kalt stellen.

2. Danach Backofen auf 180 °C Umluft vorheizen und 2 Backbleche mit Backpapier auslegen. Aus dem Teig 16 Kugeln formen, diese mit Abstand zueinander auf die Backbleche setzen und leicht platt drücken. Die Schokodrops auf den Keksen verteilen und leicht andrücken. Cookies 8–10 Minuten im Ofen backen. Dann herausnehmen und abkühlen lassen.

3. Für den Boden den veganen Butterersatz in einem Topf bei geringer Hitze schmelzen.

4. Alle trockenen Zutaten (außer den Schokodrops) in einer Schüssel vermischen. Zuerst den Pflanzendrink, dann den veganen Butterersatz dazugeben und kurz mit dem Schneebesen verrühren.

5. Die Schokodrops unter den Teig heben.

6. Springformen einfetten, jeweils die Hälfte des Teiges einfüllen und 35–40 Minuten im Ofen bei 180 °C Ober-/Unterhitze backen.

7. Herausnehmen und Böden auskühlen lassen.

8. Böden einmal waagrecht in der Mitte durchschneiden, sodass insgesamt 4 Böden entstehen.

9. Für die Füllung, die Schokolade in einer Schüssel über einem warmen Wasserbad schmelzen. Schüssel zur Seite stellen.

FÜR DIE GLASUR:
100 g vegane Schokolade
100 g vegane Sahne

AUSSERDEM:
2 Springformen (Ø 16 cm)
Spritzbeutel mit Sterntülle

10. Die Sahne in einer Schüssel mit dem Handrührgerät aufschlagen. Dann nach und nach unter die Schokolade heben.

11. 1 Boden auf eine Tortenplatte setzen und etwas Schokosahne darauf verstreichen, dabei nicht ganz bis zum Rand gehen. Den zweiten Boden darauflegen und bestreichen. Weitermachen, bis alle Böden verarbeitet sind. Hierbei zügig vorgehen, damit die Schokoladensahne nicht fest wird.

12. Torte mindestens 1 Stunde kalt stellen.

13. Zum Garnieren die vegane Butter in einer Schüssel mit dem Handrührgerät mindestens 5 Minuten aufschlagen, bis er weich und luftig ist. Anschließend den gesiebten Puderzucker einrieseln lassen.

14. Die Torte mit der Buttercreme einstreichen, dabei ca. 100 ml übrig lassen, um später Tupfen auf die Torte zu spritzen.

15. Für die Glasur die Schokolade in einer Schüssel über einem warmen Wasserbad schmelzen. Schüssel zur Seite stellen.

16. Die vegane Sahne in einem Topf zum Kochen bringen und mit der Schokolade vermischen. Kurz etwas abkühlen lassen.

17. Sobald die Glasur etwas dickflüssiger geworden ist, die Torte damit dekorieren. Die Glasur am Besten zuerst den Rand der Torte runterlaufen lassen. Anschließend die Mitte ausfüllen. Die Torte dann für 30 Minuten kalt stellen

18. Die beiseitegestelle Creme in einen Spritzbeutel mit Sterntülle füllen und Tupfen auf die Torte spritzten. Mit den Cookies garnieren.

Erdnuss-Schoko-Cookies

ZUBEREITUNGSZEIT: 1 ½ STUNDEN

Für 12–15 Stück

ZUTATEN:
120 g vegane Butter
200 g brauner Zucker
140 g Erdnussbutter
260 g Mehl
130 g Apfelmus
1 EL Backpulver
1 Prise Salz
½ TL Vanillezucker
100 g vegane Schokodrops

1. Backofen auf 180 °C Ober-/Unterhitze vorheizen und ein Backblech mit Backpapier belegen.
2. Die vegane Butter mit dem braunen Zucker in eine Schüssel geben und mit dem Handrührgerät schaumig schlagen. Danach die restlichen Zutaten außer den Schokodrops zugeben und zu einem glatten Teig verarbeiten.
3. Die Hälfte der Schokodrops unter den Teig heben und Teig 30 Minuten kalt stellen.
4. Danach 12–15 kleine Kugeln aus dem Teig formen und mit Abstand zueinander auf das Backblech setzen
5. Die restlichen Schokodrops in die Kekse drücken und Cookies 15 Minuten im Ofen backen.

Tipp:

Für etwas mehr Biss ein paar gehackte Erdnüsse unter den Teig heben. Die Erdnussbutter kann einfach durch ein anderes Nussmus ersetzt werden.

Krümelmonster-Muffins

ZUBEREITUNGSZEIT: 1 ½ STUNDEN

Für 12 Stück

ZUTATEN:

FÜR DEN TEIG:

60 g vegane Butter/ Margarine
160 g Zucker
280 g Mehl
½ TL Backpulver
½ TL Natron
1 Prise Salz
½ TL Vanillezucker
70 g Kokosraspel
2 Bio-Limetten
200 ml Pflanzendrink
100 g Himbeeren

FÜR DEN GUSS UND DEKO:

250 g Puderzucker
3 EL Zitronensaft
blaue Lebensmittelfarbe
100 g Kokosraspel
12 runde vegane Cookies
100 g Marzipanrohmasse
24 vegane Schokotropfen

AUSSERDEM:

Muffinform
12 Muffinförmchen

1. Den Backofen auf 180 °C Ober-/Unterhitze vorheizen.

2. Für den Teig den veganen Butterersatz in einem Topf bei geringer Hitze schmelzen.

3. Alle trockenen Zutaten in einer Schüssel vermischen.

4. Die Limetten waschen, abtrocknen und die Schale abreiben. Die Schale zu den trockenen Zutaten geben. Beide Limetten auspressen und den Limettensaft in einer Schüssel mit dem Pflanzendrink vermischen.

5. Zuerst den Pflanzendrink, dann den geschmolzenen Butterersatz zu den trockenen Zutaten geben und alles mit dem Schneebesen kurz verrühren.

6. Die Himbeeren waschen, trocken tupfen und vorsichtig mithilfe eines Teigschabers unter den Teig heben.

7. Muffinförmchen in die Mulden der Form setzen und den Teig hineingeben. Die Förmchen sollten zu ⅔ mit Teig gefüllt sein.

8. Muffins 20–25 Minuten im Ofen backen, dann herausnehmen und vollständig auskühlen lassen.

9. Für den Guss zunächst Puderzucker, Zitronensaft und 2–3 Tropfen Lebensmittelfarbe in einer Schüssel vermischen.

10. Die Kokosraspel in einer weiteren Schüssel mit 4–5 Tropfen Lebensmittelfarbe einfärben.

11. Den blauen Zuckerguss auf den Muffins verstreichen. Ein wenig Zuckerguss aufbewahren, um damit später die Augen anzukleben.

12. Die Muffins dann kopfüber in die Kokosraspel drücken, damit die Oberfläche der Muffins damit bedeckt ist. Den Guss fest werden lassen.

13. Mit einem Messer jeweils einen kleinen Schlitz an der Seite der Muffins einschneiden und da 1 Cookie hineinstecken.

14. Die Marzipanrohmasse in 12 gleich große Stücke schneiden, diese halbieren und zu kleinen Kugeln formen. In jede Kugel 1 Schokotröpfchen stecken. Die Augen mithilfe des restlichen Zuckergusses auf die Muffins kleben. Dabei die Augen kurz festhalten, bis der Zuckerguss getrocknet ist.

Einhorntorte

ZUBEREITUNGSZEIT: 2 ½ STUNDEN

Für 1 Torte (10–12 Stücke)

ZUTATEN:

FÜR DEN TEIG:
120 g vegane Butter/Margarine
500 g Zucker
560 g Mehl
2 TL Backpulver
1 TL Vanillezucker
2 Prisen Salz
600 ml Pflanzendrink

FÜR DIE BUTTERCREME:
600 ml Pflanzendrink
1 ½ Pck. Vanillepuddingpulver
60 g Zucker
300 g vegane Butter (Zimmertemperatur)
100 g Erdbeerpüree
30 g Erdbeerkonfitüre

FÜR DIE DEKO:
Lebensmittelfarbe in Blau, Rosa, Violett und Schwarz
25 g schwarzer Fondant
100 g weißer Fondant
1 Schaschlikspieß
4 Zahnstocher

AUSSERDEM:
2 Springformen (Ø 22 cm)

1. Den Backofen auf 180 °C Ober-/Unterhitze vorheizen.

2. Für den Teig den Butterersatz in einem Topf bei geringer Hitze schmelzen.

3. Alle trockenen Zutaten in einer Schüssel vermischen. Zuerst den Pflanzendrink und dann den geschmolzenen Butterersatz dazugeben und mithilfe eines Schneebesens kurz miteinander verrühren.

4. Die Springformen einfetten, jeweils die Hälfte des Teiges einfüllen und 30 Minuten im Ofen backen.

5. Herausnehmen und Böden abkühlen lassen.

6. Währenddessen für die Buttercreme den Pflanzendrink in einem Topf zum Kochen bringen. Die Hitze reduzieren, das Puddinpulver und den Zucker mit dem Schneebesen einrühren und Pudding unter Rühren köcheln lassen, bis er andickt. Pudding in eine Schüssel füllen, mit Frischhaltefolie abdecken und auf Zimmertemperatur abkühlen lassen.

7. Die vegane Butter in einer Schüssel mit dem Handrührgerät aufschlagen und nach und nach den abgekühlten Vanillepudding dazugeben. Alles gut miteinander vermengen.

8. Die Hälfte der Buttercreme mit dem Erdbeerpüree vermengen.

9. 1 Boden auf eine Tortenplatte legen, zuerst die Erdbeerkonfitüre und dann die Erdbeercreme daraufstreichen. Dann den zweiten Boden daraufsetzen.
Die Torte 15–20 Minuten kühl stellen.

10. Danach die Torte mit ⅔ der restlichen Buttercreme einstreichen. Die Torte 20 Minuten kühl stellen.

11. Die restliche Buttercreme in 3 Portionen aufteilen und mit blauer, rosa und violetter Lebensmittelfarben einfärben.

12. Die Ohren und das Horn aus weißem Fondant formen. Beides mithilfe der Zahnstocher und Schaschlikspieße auf der Torte anbringen. Die Torte mit der eingefärbten Buttercreme mithilfe eines Spritzbeutels verzieren. Die Augen mit Hilfe des schwarzen Fondants nachformen und an die vorderseite der Torte anbringen.

Buchstabentorte

ZUBEREITUNGZEIT: 2 ½ STUNDEN

Für 1 Buchstaben (12 Stücke)

ZUTATEN:

FÜR DEN TEIG:
30 g vegane Butter/Margarine
125 g Zucker
125 g Mehl
½ TL Backpulver
30 g Backkakao
etwas Vanillearoma
1 Prise Salz
150 ml Pflanzendrink

FÜR DAS TOPPING:
500 ml Pflanzendrink
1 Pck. Puddingpulver
300 g vegane Butter (Zimmertemperatur)
100 g Erdbeerpüree

AUSSERDEM:
Spritzbeutel mit Lochtülle

1. Für den Teig den veganen Butterersatz in einem Topf bei geringer Hitze schmelzen.
2. Alle trockenen Zutaten in einer Schüssel vermischen. Zunächst den Pflanzendrink, dann den Butterersatz zugeben und mit dem Schneebesen vermischen.
3. Den Backofen auf 180 °C Ober-/Unterhitze vorheizen.
4. Für die Buchstaben am besten 2 gleiche Vorlagen auf Papier malen. Ein Blech mit einem Backpapier belegen und die Vorlagen darunterschieben. Nun Teig in einen Spritzbeutel mit Lochtülle füllen und die Buchstabenform auf dem Backpapier nachzeichnen. Am besten zuerst den Rand aufspritzen und dann die Mitte ausfüllen (Je nach Größe der Buchstaben muss die Teigmenge evtl verdoppelt werden).
5. Blech in den Ofen schieben und Buchstaben 15–20 Minuten backen.
6. Herausnehmen und Teig auskühlen lassen.
7. Währenddessen für die Füllung Pflanzendrink in einem Topf zum Kochen bringen. Die Hitze reduzieren, das Puddinpulver mit dem Schneebesen einrühren und Pudding unter Rühren köcheln lassen, bis er andickt. Pudding in eine Schüssel umfüllen, mit Frischhaltefolie bedecken und auf Zimmertemperatur abkühlen lassen.
8. Die vegane Butter in einer Schüssel mit dem Handrührgerät aufschlagen und nach und nach den abgekühlten Vanillepudding dazugeben und alles gut vermengen.
9. Das Erdbeerpüree unterrühren.
10. Die Creme in einen Spritzbeutel mit Lochtülle füllen.
11. Einen Buchstaben auf eine Platte legen und mit der Creme Tupfen aufspritzen. Den zweiten Buchstaben daraufsetzen und wieder Tupfen aufspritzen.

Funfetti Cake mit Schokoladendrip

ZUBEREITUNGSZEIT: 3 STUNDEN

Für 1 Kuchen (12 Stücke)

ZUTATEN:

FÜR DIE BUTTERCREME:
1 Pck. Vanillepuddingpulver
400 ml Pflanzendrink
40 g Zucker
200 g vegane Butter (Zimmertemperatur)

FÜR DEN TEIG:
60 g vegane Butter/ Margarine + mehr für die Form
320 g Mehl + mehr für die Form
200 g Zucker
2 TL Backpulver
1 Prise Salz
1 ½ TL Vanillezucker
Abrieb von 1 Bio-Zitrone
320 ml Pflanzendrink
100 g backfeste Zuckerstreusel (optional)

FÜR DEN DRIP:
150 g vegane weiße Schokolade
10 g Kokosöl
60 g vegane Sahne

1. Für die Creme das Puddingpulver in einer Schüssel mit 4 EL Pflanzendrink vermischen.

2. Den restlichen Pflanzendrink mit 20 g Zucker in einem Topf aufkochen. Das angerührte Puddingpulver zugeben und Pudding unter Rühren 1 Minute kochen lassen. Dann in eine Schüssel umfüllen und den restlichen Zucker darüberstreuen, damit sich keine Haut bildet. Den Pudding auf Zimmertemperatur abkühlen lassen.

3. Backofen auf 180 °C Ober-/Unterhitze vorheizen und eine Springform einfetten und mit Mehl bestreuen.

4. Für den Teig den veganen Butterersatz in einem Topf bei geringer Hitze schmelzen.

5. Mehl, Zucker, Backpulver Salz, Vanillezucker und Zitronenabrieb in einer Schüssel vermischen. Zunächst den Pflanzendrink, dann den Butterersatz zugeben und kurz mit dem Schneebesen verrühren. Nach Belieben noch Zuckerstreusel unterheben.

6. Den Teig in die Form füllen, glatt streichen und 40–45 Minuten im Ofen backen.

7. Herausnehmen und abkühlen lassen.

8. Sobald der Pudding und der Kuchen abgekühlt sind, die Buttercreme weiter zubereiten. Butter in einer Schüssel mit dem Handrührgerät aufschlagen und den erkalteten Pudding nach und nach unterrühren. Dabei darauf achten, dass die Butter und Pudding Zimmertemperatur haben, da sonst die Buttercreme gerinnt. 3 EL Buttercreme zur Seite stellen.

ZUM GARNIEREN:
100 g Zuckerstreusel

AUSSERDEM:
Springform (Ø 22 cm)
Spritzbeutel mit Sterntülle

9. Den Boden aus der Form nehmen und waagerecht durchschneiden, sodass 2 Böden entstehen. Den ersten Boden auf eine Tortenplatte setzen und mit ⅓ der Creme bestreichen. Dann den zweiten Boden darauflegen. Mit der restlichen Buttercreme den Kuchen vollständig einstreichen. Die Torte 30 Minuten kalt stellen

10. In der Zwischenzeit den Drip zubereiten. Dafür die Schokolade mit dem Kokosöl in einer Schüssel über einem warmen Wasserbad schmelzen. Schüssel zur Seite stellen.

11. Die vegane Sahne in einem Topf zum Kochen bringen und mit der Schokolade verrühren, bis eine homogene Masse entsteht.

12. Sobald der Drip etwas dickflüssiger geworden ist, die Torte damit dekorieren. Der Drip am Besten zuerst den Rand der Torte runterlaufen lassen. Anschließend die Mitte ausfüllen. Die Torte dann für 30 Minuten kalt stellen.

13. Die beiseitegestellte Buttercreme in einen Spritzbeutel mit Sterntülle füllen und 10 Tupfen auf den Rand der Torte spritzen. Den Rand der Torte mit Zuckerstreuseln garnrieren.

Ostern

Karottenmuffins

ZUBEREITUNGSZEIT: 1 STUNDE

Für 12 Stück

ZUTATEN:

FÜR DEN TEIG:

110 g vegane Butter/ Margarine
140 ml Pflanzendrink
1 EL Apfelessig
170 g Zucker
250 g Mehl
½ TL Natron
1 TL Backpulver
1 Prise Salz
1 TL Zimt
½ TL Vanillezucker
150 g Karotten

FÜR DEN GUSS:

125 g Puderzucker
Saft von ½ Zitrone

AUSSERDEM:

Muffinform
12 Muffinförmchen

1. Den Backofen auf 180 °C Ober-/Unterhitze vorheizen
2. Für den Teig den Butterersatz in einem Topf bei geringer Hitze schmelzen
3. Den Pflanzendrink in einer Schüssel mit dem Apfelessig vermischen
4. Die trockenen Zutaten in eine Schüssel geben. Zuerst den Pflanzendrink, dann den veganen Butterersatz zufügen und mit dem Schneebesen so kurz wie möglich verrühren.
5. Die Karotten schälen, putzen, raspeln und unterheben.
6. Muffinförmchen in die Mulden der Muffinform setzen und den Teig hineinfüllen. Muffins 20–25 Minuten im Ofen backen.
7. Herausnehmen und Muffins abkühlen lassen.
8. Aus Puderzucker und Zitronensaft in einer kleinen Schüssel einen dickflüssigen Guss anrühren. Muffins mit dem Guss garnieren.

Tipp: Als Deko eignen sich Marzipankarotten.

Zitronen-Mohn-Kuchen

ZUBEREITUNGSZEIT: 2 STUNDEN

Für 1 Kuchen (12 Stücke)

ZUTATEN:

FÜR DEN TEIG:
70 g vegane Butter/ Margarine
160 g Zucker
300 g Mehl
½ TL Natron
8 g Backpulver
1 Prise Salz
½ TL Vanillezucker
Abrieb von 1 Bio-Zitrone
40 g gemahlener Mohn
200 ml Pflanzendrink
100 ml Zitronensaft (ca. 2 Zitronen)

FÜR DIE GLASUR:
125 g Puderzucker
Saft von ½ Zitrone

AUSSERDEM:
Kastenform (20 cm)

1. Den Backofen auf 180 °C Ober-/Unterhitze vorheizen und Kastenform mit Backpapier auslegen.
2. Für den Teig den Butterersatz in einem Topf bei geringer Hitze schmelzen. Die Butter sollte nur lauwarm sein.
3. Alle trockenen Zutaten bis auf den gemahlenen Mohn in einer Schüssel vermischen. Pflanzendrink, Zitronensaft und Butterersatz dazugeben und mit dem Schneebesen verrühren.
4. Die Hälfte des Teiges mit dem gemahlenen Mohn vermengen und in die Form füllen. Den restlichen Teig daraufgeben. Kuchen 50–55 Minuten im Ofen backen.
5. Anschließend herausnehmen und vollständig auskühlen lassen.
6. Für die Glasur Puderzucker und Zitronensaft in einer kleinen Schüssel verrühren, bis eine zähe Masse entsteht.
7. Die Glasur auf dem Kuchen verstreichen und fest werden lassen.

Tipp:
Man kann den Mohn auch mit dem ganzen Teig mischen oder weglassen.

Osterlamm

ZUBEREITUNGSZEIT: 1 STUNDE

Für 8 Stücke

ZUTATEN:
85 g vegane Butter/Margarine + mehr für die Form
175 g Mehl + mehr für die Form
95 g Zucker
½ TL Vanillezucker
½ TL Backpulver
2–3 Tropfen Vanillearoma
1 Prise Salz
145 ml Pflanzendrink

AUSSERDEM:
Osterlamm-Backform
Puderzucker zum Bestreuen

1. Beide Hälften der Osterlamm-Backform einfetten und mit Mehl bestäuben. Überschüssiges Mehl gut abklopfen.

2. Die Form zusammensetzen und den Backofen auf 180 °C Ober-/Unterhitze vorheizen.

3. Den veganen Butterersatz in einem Topf bei geringer Hitze schmelzen, dabei darauf achten, dass er nicht zu heiß wird.

4. Mehl, Zucker, Vanillezucker, Backpulver, Vanillearoma und Salz in einer Schüssel vermischen. Zunächst den Pflanzendrink, dann den geschmolzenen Butterersatz zugeben und alles kurz mit dem Schneebesen verrühren.

5. Den Teig beim Kopf beginnend in die umgedrehte Form füllen. Form bis knapp 3–4 cm unter dem Rand füllen.

6. Die Lammform auf ein Backblech im unteren Bereich des Ofens stellen und Lamm 30 Minuten backen.

7. Form aus dem Ofen holen und Kuchen in der Form abkühlen lassen.

8. Dann die Verschlüsse öffnen und das Lamm aus der Form lösen. Den Boden des Lamms mit einem Sägemesser etwas begradigen.

9. Osterlamm nach Belieben noch mit Puderzucker bestäuben.

Hefekranz mit Marzipan und Pistazien

ZUBEREITUNGSZEIT: 4 STUNDEN

Für 15 Stücke

ZUTATEN:

FÜR DEN HEFETEIG:
450 g Mehl + mehr für die Arbeitsfläche
60 g Zucker
1 Prise Salz
½ TL Vanillezucker
21 g frische Hefe oder 7 g Trockenhefe
240 ml Pflanzendrink
50 g vegane Butter/Margarine

FÜR DIE FÜLLUNG:
200 g Marzipanrohmasse
120 ml Pflanzendrink
60 g gemahlene Mandeln
30 g Puderzucker
3–4 Tropfen Bittermandelaroma (optional)
100 g gehackte Pistazien

FÜR DIE DEKO:
150 g Puderzucker
Saft von ½ Zitrone
30 g gehackte Pistazien

1. Für den Teig Mehl, Zucker, Salz, Vanillezucker und Hefe in einer Schüssel vermischen.

2. Pflanzendrink und veganen Butterersatz in einen Topf geben und erwärmen. Dabei darauf achten, dass die Butter zwar schmilzt, aber die Flüssigkeit nicht wärmer als 40 °C wird.

3. Sobald der Butterersatz geschmolzen ist, das Ganze zu den trockenen Zutaten geben und zunächst mit einem Holzlöffel leicht verrühren. Anschließend Teig auf die bemehlte Arbeitsfläche geben und 5 Minuten mit den Händen gut durchkneten. Der Teig sollte dann nicht mehr kleben und schön glatt sein. Den Hefeteig in eine Schüssel füllen und mit einem Tuch abgedeckt so lange gehen lassen, bis sich sein Volumen verdoppelt hat (ca. 1 Stunde).

4. In der Zwischenzeit die Füllung zubereiten. Dafür Marzipan in einen Topf raspeln, mit dem Pflanzendrink vermischen und erwärmen, bis das Marzipan sich aufgelöst hat.

5. Die gemahlene Mandeln und den gesiebten Puderzucker zugeben und untermischen. Optional ein paar Tropfen Bittermandelaroma zufügen.

6. Backofen auf 180 °C Ober-/Unterhitze vorheizen.

7. Den Hefeteig noch einmal kurz durchkneten und auf einer bemehlten Fläche zu einem großen Rechteck ausrollen. Die Marzipanfüllung darauf verteilen, dann die gehackten Pistazien daraufstreuen und den Teig in der Mitte durchschneiden. Beide Stücke jeweils von der langen Seite her aufrollen. Die Rollen mittig bis zur Hälfte durchschneiden. Die 2 Hälften so miteinander verschlingen, dass die Schnittfläche mit der Füllung nach oben sichtbar ist. Die beiden Enden zusammendrücken und einen Kranz formen.

8. Den Hefekranz auf ein mit Backpapier belegtes Blech legen und 25–30 Minuten im Ofen backen.

9. Herausnehmen und abkühlen lassen.

10. Für den Zuckerguss den Puderzucker in einer Schüssel mit so viel Zitronensaft verrühren, dass ein zähflüssiger Guss entsteht. Den Kranz damit garnieren und anschließend mit gehackten Pistazien bestreuen.

Karottenkuchen mit Frischkäsetopping

ZUBEREITUNGSZEIT: 2 STUNDEN

Für 1 Kuchen (10–12 Stücke)

ZUTATEN:

FÜR DEN TEIG:
250 g Karotten (geschält)
1 EL Speisestärke
100 g vegane Butter/ Margarine+ mehr für die Form
120 g weißer Zucker
50 g brauner Zucker
150 g gemahlene Haselnüsse
100 g Mehl + mehr für die Form
25 g gehackte Haselnüsse
1 Prise Salz
½ TL Vanillezucker
8 g Backpulver
1 TL Zimt
160 ml Pflanzendrink

FÜR DAS TOPPING:
200 g veganer Frischkäse
50 g Puderzucker
1 EL SanApart

FÜR DIE DEKO:
50 g gehackte Pistazien

AUSSERDEM:
Springform (Ø 20/22 cm)

1. Den Backofen auf 180 °C Umluft vorheizen.
2. Für den Teig die Karotten putzen und in eine Schüssel raspeln. Mit der Speisestärke vermischen.
3. Den veganen Butterersatz in einem Topf bei geringer Hitze schmelzen.
4. Die trockenen Zutaten in einer Schüssel vermischen. Zunächst den Pflanzendrink, dann den Butterersatz zugeben und alles kurz mit dem Schneebesen verrühren.
5. Die Möhrenraspel mithilfe eines Kochlöffels unter die Masse heben.
6. Die Springform einfetten, mit Mehl bestäuben und den Teig hineinfüllen. Kuchen 50 Minuten im Ofen backen.
7. Herausnehmen und vollständig auskühlen lassen.
8. Für das Topping alle Zutaten in einer Schüssel vermischen. Topping auf dem Kuchen verteilen, mit gehackten Pistazien bestreuen und Kuchen bis zum Verzehr kalt stellen.

Osterzopf

ZUBEREITUNGSZEIT: 3 STUNDEN

Für 15–18 Stücke

ZUTATEN:

FÜR DEN HEFETEIG:

450 g Mehl + mehr für die Arbeitsfläche
60 g Zucker
1 Prise Salz
½ TL Vanillezucker
21 g frische Hefe oder 7 g Trockenhefe
2–3 Tropfen Zitronenaroma (optional)
240 ml Pflanzendrink
50 g veganer Butterersatz
50 g Hagelzucker oder gehobelte Mandeln

ZUM BESTREICHEN:

100 g vegane Kochsahne
1 Prise gemahlene Kurkuma

1. Für den Teig Mehl, Zucker, Salz, Vanillezucker und Hefe (optional auch Zitronenaroma) in einer Schüssel vermischen.

2. Pflanzendrink und veganen Butterersatz in einen Topf geben und erwärmen. Sobald der Butterersatz geschmolzen ist, das Ganze zu den trockenen Zutaten geben und zunächst mit einem Holzlöffel leicht verrühren. Anschließend Teig auf die bemehlte Arbeitsfläche geben und 5 Minuten mit den Händen gut durchkneten. Der Teig sollte dann nicht mehr kleben (sonst mehr Mehl zugeben) und schön glatt sein. Den Hefeteig in eine Schüssel füllen und mit einem Tuch bedeckt so lange gehen lassen, bis sich sein Volumen verdoppelt hat (ca. 1 Stunde).

3. Anschließend den Teig noch mal auf die Arbeitsfläche legen und gut durchkneten. Nun in 3 Stücke teilen und aus jedem Stück einen langen Strang rollen.

4. Die 3 Teigstränge miteinander verflechten. Zopf auf ein mit Backpapier belegtes Backblech setzen und noch mal 20 Minuten gehen lassen.

5. Backofen auf 180 °C Ober-/Unterhitze vorheizen.

6. Die Kochsahne in einer Schüssel mit dem Kurkuma vermischen. Den Hefezopf damit bestreichen und mit Hagelzucker oder Mandeln bestreuen. Blech in den Ofen schieben und Osterzopf 30 Minuten im Ofen backen.

7. Osterzopf herausnehmen und am besten noch warm essen.

Tipp:

Sollte der Hefeteig schon etwas älter sein, kurz im Backofen aufwärmen, dann schmeckt er wieder wie frisch gebacken..

Osterhase mit Schokofüllung

ZUBEREITUNGSZEIT: 2 STUNDEN

Für 10–12 Stücke

ZUTATEN:

FÜR DEN TEIG:

30 g vegane Butter/Margarine
125 g Zucker
165 g Mehl
½ TL Backpulver
½ TL Vanillezucker
1 Prise Salz
150 ml Pflanzendrink

FÜR DIE FÜLLUNG:

70 g Zartbitterschokolade
200 g vegane Sahne

ZUM GARNIEREN:

Beeren
gehackte Pistazien

AUSSERDEM:

Spritzbeutel mit Lochtülle

1. Den Backofen auf 180 °C Ober-/Unterhitze vorheizen.
2. Für den Hasen 2 gleiche Vorlagen auf Papier malen. Ein Backblech mit Backpapier belegen und die Vorlagen unter das Backpapier schieben.
3. Für den Teig den veganen Butterersatz in einem Topf bei geringer Hitze schmelzen.
4. Die trockenen Zutaten in einer Schüssel vermischen. Zuerst den Pflanzendrink, dann den Butterersatz zugeben und kurz mit dem Schneebesen vermengen.
5. Den Teig in einen Spritzbeutel mit Lochtülle füllen und die Hasenformen auf dem Backpapier damit nachziehen. Am besten zuerst den Rand aufspritzen und dann die Mitte ausfüllen.
6. Blech in den Ofen schieben und Hasen 15 Minuten backen.
7. Aus dem Ofen nehmen und Hasen vollständig abkühlen lassen.
8. Für die Füllung zuerst die Schokolade in einer Schüssel über einem warmen Wasserbad schmelzen. Schüssel zur Seite stellen.
9. Sahne in einer Schüssel mit dem Handrührgerät aufschlagen. Nun nach und nach unter die Schokolade heben. Die Schokosahne sollte etwas fester sein, sich aber gut spritzen lassen. Die Creme in einen Spritzbeutel mit Lochtülle füllen.
10. Einen Hasen auf eine Platte legen und mit dem Spritzbeutel Cremetupfen daraufspritzen. Dann den zweiten Hasen darauflegen und wieder Cremetupfen daraufspritzen.
11. Anschließend nach Belieben mit Beeren und Pistazien garnieren.

Eierlikörtorte

ZUBEREITUNGSZEIT: 2 STUNDEN
KÜHLZEIT:1 STUNDEN

Für 1 Torte (10–12 Stücke)

ZUTATEN:

FÜR DEN TEIG:

30 g vegane Butter/ Margarine + mehr für die Form
200 g Mehl + mehr für die Form
125 g Zucker
1 TL Backpulver
1 Prise Salz
1 Pck. Vanillezucker
150 ml Pflanzendrink

FÜR DIE STRACCIATELLA-SAHNE:

200 g vegane Schlagsahne
1 TL Vanillezucker
2 EL San Apart
100 g vegane Schokoraspel

FÜR DEN EIERLIKÖRSPIEGEL:

150 g veganer Eierlikör
Menge Agar Agar für 200 ml Flüssigkeit

AUSSERDEM:

Springform (Ø 20 cm)
Tortenring

1. Den Backofen auf 180 °C Ober-/Unterhitze vorheizen, die Springform einfetten und mit Mehl bestäuben.
2. Für den Teig den veganen Butterersatz in einem Topf bei geringer Hitze schmelzen.
3. Alle trockenen Zutaten in einer Schüssel vermischen. Zuerst den Pflanzendrink und dann den geschmolzenen Butterersatz zugeben und mit dem Schneebesen kurz verrühren.
4. Den Teig in die Springform füllen und 30–35 Minuten im Ofen backen.
5. Den Kuchen herausnehmen und vollständig auskühlen lassen.
6. Anschließend den Boden auf eine Tortenplatte setzen und einen Tortenring drumherum legen.
7. Für die Stracciatellasahne die Sahne mit dem Vanillezucker in eine Schüssel geben und mit dem Handrührgerät steif schlagen. Anschließend das San Apart vorsichtig einrieseln lassen und die Sahne noch mal gut umrühren. Mithilfe eines Teigschabers die Schokoraspel vorsichtig unterheben.
8. Die Sahne auf den Boden geben und verstreichen.
9. Für den Eierlikörspiegel den Eierlikör mit dem Agar Agar in einen Topf geben und unter Rühren 2 Minuten köcheln lassen. Anschließend Masse einen Augenblick abkühlen lassen und dann auf der Stracciatellasahne verteilen.
10. Torte bis zum Verzehr kühl stellen.

Tipp:

Besonders hübsch wird die Torte noch mit Sahnetupfen. Dazu 50 g vegane Schlagsahne mit ½ Päckchen Sahnesteif steif schlagen und in einen Spritzbeutel mit Sterntülle füllen. Wenn der Eierlikörspiegel fest ist, Torte mit Sahnetupfen verzieren. Wer es gerne etwas fruchtiger mag, kann auf den Boden erst noch Konfitüre streichen.

Spiegeleierkuchen

ZUBEREITUNGSZEIT: 1½ STUNDEN
KÜHLZEIT: 2 STUNDEN

Für 15 Stücke

ZUTATEN:

FÜR DEN TEIG:

45 g vegane Butter/ Margarine
140 g Zucker
240 g Mehl
1 TL Backpulver
1 Prise Salz
½ TL Vanillezucker
225 ml Pflanzendrink

FÜR DIE CREME:

1 Pck. Vanillepuddingpulver
400 ml Pflanzendrink
30 g Zucker
200 g veganer Skyr
1 EL San Apart
15 Aprikosenhälften aus der Dose

AUSSERDEM:

Backrahmen

1. Ein Backblech (38 × 27 cm) mit hohem Rand mit Backpapier auslegen und den Backofen auf 180 °C Ober-/Unterhitze vorheizen.
2. Für den Teig den veganen Butterersatz in einem Topf bei geringer Hitze schmelzen.
3. Die trockenen Zutaten in einer Schüssel vermischen. Zuerst den Pflanzendrink, dann den Butterersatz zugeben und kurz mit dem Schneebesen verrühren.
4. Den Teig auf das Backblech streichen und 35 Minuten im Ofen backen.
5. Blech herausnehmen und Boden abkühlen lassen.
6. In der Zwischenzeit für die Creme Puddingpulver in einer kleinen Schüssel mit 100 ml Pflanzendrink verrühren. Den restlichen Pflanzendrink mit 10 g Zucker in einem Topf zum Kochen bringen. Das angerührte Puddingpulver zugeben und Pudding unter Rühren 2 Minuten köcheln lassen, bis er eindickt. Pudding in eine Schüssel umfüllen und 20 g Zucker darüberstreuen, damit sich keine Haut bildet. Den Pudding auskühlen lassen.
7. Danach den Skyr unter den Pudding rühren.
8. Einen Backrahmen um den ausgekühlten Kuchen stellen. Creme mit dem Skyr und San Apart verrühren und auf dem Rührteig verteilen und glatt streichen, den Kuchen dann 2 Stunden kalt stellen.
9. Die Aprikosenhälften in einem Sieb abtropfen lassen. Mit der Wölbung nach oben auf dem Kuchen verteilen und Kuchen in Stücke schneiden.

Muttertag/ Vatertag

Tiramisutorte

ZUBEREITUNGSZEIT: 2 STUNDEN

Für 1 Torte (12–14 Stücke)

ZUTATEN:

FÜR DEN TEIG:

60 g vegane Butter/ Margarine
350 g Mehl
200 g Zucker
½ TL Vanillezucker
12 g Backpulver
1 Prise Salz
350 ml Pflanzendrink

ZUM BETRÄUFELN:

140 ml Espresso
20 g Puderzucker
40 ml Amaretto

FÜR DIE CREME:

200 g vegane Schlagsahne
400 g veganer Mascarpone
40 g Puderzucker
½ TL Vanillezucker

ZUM GARNIEREN:

30 g Backkakao

AUSSERDEM:

Springform (Ø 22 cm)

1. Eine Springform mit Backpapier auslegen und den Backofen auf 180 °C Umluft vorheizen.
2. Für den Teig den Butterersatz in einem Topf bei geringer Hitze schmelzen, er sollte nicht zu heiß werden.
3. Die trockenen Zutaten in einer Schüssel vermischen. Zuerst den Pflanzendrink, dann den Butterersatz zugeben und mit dem Schneebesen so kurz wie möglich verrühren.
4. Teig in die Springform füllen und 35–40 Minuten im Ofen backen. Herausnehmen und Kuchen vollständig auskühlen lassen.
5. Den Espresso kochen und noch heiß mit dem Puderzucker vermischen. Einen Augenblick abkühlen lassen, dann den Amaretto hinzufügen.
6. Für die Creme zuerst die Sahne in einer Schüssel mit dem Handrührgerät steif schlagen.
7. In einer weiteren Schüssel Mascarpone, Puderzucker und Vanillezucker zu einer homogenen Masse verrühren. Die vegane Sahne nach und nach unter die Mascaponecreme heben.
8. Boden einmal waagrecht durchschneiden. 1 Boden auf eine Tortenplatte setzen und mit ⅓ der Espresso-Mischung beträufeln. Dann die Hälfte der Creme darauf verstreichen.
9. Den zweiten Boden aufsetzen, mit der restlichen Espresso-Mischung beträufeln und mit der restlichen Creme bestreichen.
10. Torte bis zum Servieren kalt stellen.
11. Vor dem Servieren Backkakao auf die Torte sieben.

No-Bake-Erdbeer-Schoko-Torte

ZUBEREITUNGSZEIT: 1 ½ STUNDEN
KÜHLZEIT: 2 STUNDEN

Für 1 Torte (10 Stücke)

ZUTATEN:

FÜR DEN BODEN:
200 g vegane Butterkekse
100 g vegane Schokoraspel
110 g vegane Butter

FÜR DEN BELAG:
400 g Erdbeeren
150 g vegane Schokolade
300 g vegane Schlagsahne

FÜR DAS TOPPING:
100 g Zartbitterschokolade
100 g vegane Sahne

AUSSERDEM:
Springform (Ø 20 cm)

1. Den Boden der Springform mit Backpapier auslegen.
2. Für den Boden die Butterkekse in einen Gefrierbeutel geben und mit einem Rollholz zerbröseln. In einer Schüssel mit den Schokoraspeln vermischen.
3. Die Butter in einem Topf bei geringer Hitze schmelzen, er sollte nicht zu heiß sein, damit die Schokoraspel nicht schmelzen. Zu den Bröseln geben alles mithilfe eines Löffels vermischen. Teig in die Form geben und am Boden festdrücken. Boden kurz in den Kühlschrank stellen.
4. Erdbeeren entstielen, waschen und auf der Stielseite mit einem Messer begradigen, damit sie auf dem Keksboden stehen können. Für den äußeren Rand die Erdbeeren halbieren und mit der Schnittfläche an den Ring der Springform legen. Den Innenteil mit den restlichen (stehenden) Erdbeeren füllen, dabei Beeren so dicht wie möglich setzen.
5. Die Schokolade in einer Schüssel über einem warmen Wasserbad schmelzen. Schüssel zur Seite stellen.
6. Sahne in einer Schüssel mit dem Handrührgerät aufschlagen. Nach und nach unter die Schokolade heben. Hierbei zügig vorgehen, damit die Schokoladensahne nicht zu fest wird.
7. Schokocreme auf den Erdbeeren verteilen und glatt streichen. Torte kalt stellen und währenddessen das Topping zubereiten.
8. Schokolade in einer Schüssel über einem warmen Wasserbad schmelzen. Schüssel zur Seite stellen.

9. Sahne in einem Topf zum Kochen bringen und mit der Schokolade verrühren. Topping auf der Schokocreme verstreichen.

10. Torte ca. 2 Stunden im Kühlschrank kalt stellen, bis die Masse fest ist.

Tipp:

Am besten möglichst gleich große Erdbeeren verwenden. Den Boden vor dem Belegen mit den Erdbeeren mit Schokolade bestreichen, dann weicht er durch die Erdbeeren nicht durch. Um die Schokoladencreme besser zwischen den Erdbeeren zu verteilen, mit einem Spritzbeutel mit Lochtülle dazwischenspritzen.

Apfel-Pudding-Kuchen

ZUBEREITUNGSZEIT: 1½ STUNDEN

Für 1 Kuchen (10 Stücke)

ZUTATEN:

FÜR DIE STREUSEL:
130 g Mehl + mehr für die Form
80 g vegane Butter + mehr für die Form
60 g Zucker
½ TL Vanillezucker
1 Prise Salz

FÜR DEN BELAG:
50 g Zucker
1 Pck. Vanillepuddingpulver
300 ml Pflanzendrink
250 g vegane Sahne
400 g Äpfel

FÜR DEN TEIG:
160 g vegane Butter
170 g Zucker
230 g Mehl
1 TL Backpulver
½ TL Vanillezucker
1 Prise Salz

AUSSERDEM:
Springform (Ø 22 cm)

1. Die Zutaten für die Streusel in eine Schüssel geben und mit den Händen verkneten. Dann kalt stellen.

2. Für den Belag den Zucker in einer Schüssel mit dem Puddingpulver und etwas Pflanzendrink verrühren. Den restlichen Pflanzendrink mit der veganen Sahne in einen Topf geben und unter Rühren aufkochen. Das angerührte Puddingpulver zufügen und Pudding unter Rühren 1 Minute köcheln lassen. Topf zur Seite stellen.

3. Die Äpfel schälen, entkernen und in Würfel schneiden.

4. Eine Springform mit Backpapier auskleiden oder gründlich einfetten und mit Mehl bestäuben.

5. Den Backofen auf 180 °C Ober-/Unterhitze vorheizen.

6. Für den Teig alle Zutaten in einer Schüssel mit dem Knethaken eines Handrührgerät vermengen. Den Teig in die Form geben und zu einem flachen Boden drücken. Dabei einen 3–4cm hohen Rand formen. Die Hälfte der Äpfel darauf verteilen. Den Pudding darüber löffeln und die restlichen Äpfel auf den Pudding geben. Anschließend die Streusel darüberstreuen und leicht andrücken.

7. Den Kuchen 45–50 Minuten im Ofen backen.

8. Herausnehmen und vollständig auskühlen lassen.

Tipp:

Einige Pflanzendrinks enthalten Enzyme, die den Pudding wieder zersetzen können, deshalb empfehle ich, für diesen Kuchen Mandeldrink zu nutzen.

Apfelstrudel

ZUBEREITUNGSZEIT: 3 STUNDEN

Für 15 Stücke

ZUTATEN:

FÜR DEN TEIG:
- 25 g vegane Butter oder 1 ½ EL Speiseöl
- 100 g Mehl + mehr zum Bestreuen
- 1 Prise Salz
- 50ml lauwarmes Wasser

FÜR DIE FÜLLUNG:
- 500 g Äpfel
- Saft von ½ Zitrone
- 45 g vegane Butter + mehr für das Blech
- 30 g Paniermehl
- 30 g Rosinen
- 10 ml Rum
- 60 g Zucker
- ½ TL Vanillezucker
- ½ TL Zimt
- 30 g gehackte Walnüsse

AUSSERDEM:
- Puderzucker zum Bestäuben

1. Für den Strudelteig zunächst die Butter in einem Topf bei geringer Hitze schmelzen.
2. Mehl in eine Schüssel geben. Die geschmolzene Butter, Salz und lauwarmes Wasser zufügen und mit dem Handrührgerät erst kurz auf der niedrigsten, dann auf der höchsten Stufe verkneten. Den Teig 30 Minuten ruhen lassen.
3. Ein Backblech einfetten und den Backofen auf 180 °C Ober-/Unterhitze vorheizen.
4. Für die Füllung die Äpfel schälen, entkernen und in feine Stifte schneiden. In eine Schüssel geben und mit Zitronensaft vermischen. Butter in einem kleinen Topf bei geringer Hitze zerlassen.
5. Strudelteig halbieren und jede Teighälfte auf einem großen bemehlten Geschirrtuch rechteckig ausrollen.
6. Teige dünn mit etwas zerlassene Butter bestreichen, dann mit den Händen zu schönen Rechtecken ziehen. Wenn die Ränder dicker sind, abschneiden.
7. ⅔ der restliche Butter auf den Teigplatten verstreichen und Paniermehl daraufstreuen, dabei an den Seiten etwa 1 ½–2 cm frei lassen.
8. Nacheinander Apfelstifte, Rosinen, Rum, Zucker, Vanillezucker, Zimt und Walnüsse auf den Teigplatten verteilen. Die frei gelassenen Teigränder der kurzen Seiten auf die Füllung klappen. Den Teig mithilfe des Tuchs von einer längeren Seite aufrollen. Den Rand am Ende gut andrücken.
9. Den Strudel mit der Naht nach unten auf das Backblech legen und mit etwas Butter bestreichen. 30 Minuten im Ofen backen, dann Strudel mit der restlichen Butter bestreichen. Weitere 20 Minuten backen.
10. Nach dem Backen den Apfelstrudel auf dem Backblech erkalten lassen oder warm servieren. Mit Puderzucker bestreut servieren.

Käsekuchen mit weißer Schokolade und Kirschkompott

ZUBEREITUNGSZEIT: 2 STUNDEN
KÜHLZEIT: ÜBER NACHT

Für 1 Kuchen (10–12 Stücke)

ZUTATEN:

FÜR DAS KIRSCHKOMPOTT:
300 g entsteinte Kirschen aus dem Glas
30 g Zucker
20 g Speisestärke

FÜR DEN BODEN:
75 g vegane Butter
300 g vegane Butterkekse

FÜR DIE FÜLLUNG:
50 g vegane Butter
150 g vegane weiße Schokolade
1 Pck. Vanillepuddingpulver
200 g vegane Sahne
400 g veganer Skyr
1 Prise Salz
½ TL Vanillezucker
150 g vegane Crème fraîche

AUSSERDEM:
Springform (Ø 22 cm)

1. Den Backofen auf 180 °C Ober-/Unterhitze vorheizen und eine Springform mit Backpapier auslegen.

2. Für das Kirschkompott die Kirschen in einem Sieb abtropfen lassen, dabei 150 ml Saft auffangen.

3. In einem kleinen Topf den Kirschsaft mit dem Zucker und der Stärke vermischen und unter ständigem Rühren aufkochen lassen. Die Kirschen unterheben und Kompott abkühlen lassen.

4. Für den Boden die Butter in einem Topf bei geringer Hitze schmelzen.

5. Die Kekse in einen Gefrierbeutel füllen und mit einem Rollholz zerbröseln. In eine Schüssel füllen und mit den Schokoraspeln und der geschmolzenen Butter mithilfe eines Löffels vermischen.

6. Keksmasse in die Form geben und auf dem Boden festdrücken. Kurz in den Kühlschrank stellen.

7. Für die Füllung zunächst die vegane Butter in einem Topf bei geringer Hitze schmelzen.

8. Die weiße Schokolade in einer Schüssel über einem warmen Wasserbad schmelzen. Schüssel zur Seite stellen.

9. Das Puddingpulver in einer Schüssel mit der veganen Sahne verrühren. Anschließend alle anderen Zutaten zugeben und mit dem Schneebesen glatt rühren. Die Masse auf dem Keksboden verstreichen.

10. Den Kuchen 45 Minuten im Ofen backen, dann im

Tipp:

Die Kirschen können alternativ auch in den gebackenen Käsekuchen gegeben werden.

ausgeschalteten Backofen 20–25 Minuten ruhen lassen.

11. Anschließend herausnehmen und am besten über Nacht in den Kühlschrank stellen.

12. Kurz vor dem Servieren die Kirschen dazugeben.

Erdbeer-Mandel-Mascarpone-Torte

ZUBEREITUNGSZEIT: 1½ STUNDEN

Für 1 Torte (10–12 Stücke)

ZUTATEN:

FÜR DEN TEIG:

50 g vegane Butter + mehr für die Form
50 g Mandelblättchen
110 g Mehl
75 g gemahlene Mandeln
180 g Zucker
1 TL Backpulver
½ TL Tonkazucker oder Vanillezucker
220 ml Pflanzendrink

FÜR DEN BELAG:

150 g vegane Mascarpone
½ TL Tonkazucker oder Vanillezucker
200 g vegane Schlagsahne
300–400 g Erdbeeren

AUSSERDEM:

Springform (Ø 20/22 cm)

1. Backofen auf 180 °C Umluft vorheizen.
2. Die Springform mit Backpapier auslegen und einfetten. Anschließend die Mandelblättchen auf dem Boden und am Rand der Form verteilen und leicht andrücken.
3. Die vegane Butter in einem Topf bei geringer Hitze schmelzen.
4. Alle trockenen Zutaten für den Teig in einer Schüssel vermischen. Dann zuerst den Pflanzendrink und danach die vegane Butter zugeben und mit dem Schneebesen kurz verrühren.
5. Teig in die Form füllen und 30–35 Minuten im Ofen backen.
6. Herausnehmen und Kuchen vollständig auskühlen lassen.
7. Für den Belag Mascarpone und Tonkazucker in einer Schüssel mit dem Handrührgerät aufschlagen.
8. Vegane Sahne in einer zweiten Schüssel aufschlagen und dann unter die Mascarponecreme heben.
9. Die Erdbeeren waschen, entstielen und vierteln.
10. Die Creme auf dem ausgekühlten Boden verstreichen und die Erdbeeren darauf verteilen.
11. Die Torte bis zum Verzehr kalt stellen.

Erdbeerherz

ZUBEREITUNGSZEIT: 2½ STUNDEN
KÜHLZEIT: 1 STUNDE

Für 1 Kuchen (12 Stücke)

ZUTATEN:

FÜR DEN TEIG:
65 g vegane Butter + mehr für die Form
210 g Zucker
300 g Mehl
60 g gemahlene Mandeln
1 TL Backpulver
1 Prise Salz
½ TL Vanillezucker
340 ml Pflanzendrink

FÜR DEN BELAG:
300 ml Pflanzenmilch
200 ml vegane Sahne
1 Pck. Vanillepuddingpulver
40 g Zucker
500 g Erdbeeren

FÜR GUSS UND DEKO:
150 g Mandelblättchen
200 ml Erdbeersaft
Menge Agar Agar für 200 ml Flüssigkeit

AUSSERDEM:
Herzbackform

1. Den Backofen auf 180 °C Ober-/Unterhitze vorheizen und die Herzbackform einfetten.
2. Für den Teig die vegane Butter in einem Topf bei geringer Hitze schmelzen.
3. Die trockenen Zutaten in einer Schüssel vermischen. Anschließend zuerst den Pflanzendrink und danach die vegane Butter dazugeben und mit dem Schneebesen kurz verrühren.
4. Den Teig in die Form füllen und verstreichen. Dann 30 Minuten im Ofen backen.
5. Kuchen herausnehmen und komplett abkühlen lassen.
6. Die Mandelblättchen für die Deko auf einem mit Backpapier ausgelegten Backblech verteilen und 7 Minuten in den noch warmen Ofen geben. Dann herausnehmen, Mandeln zur Seite stellen und abkühlen lassen.
7. Für den Belag 100 ml Pflanzendrink und die Sahne in einer Schüssel mit dem Vanillepuddingpulver verrühren.
8. Den restlichen Pflanzendrink mit dem Zucker in einem Topf zum Kochen bringen. Das angerührte Vanillepuddingpulver zugeben und unter Rühren kurz aufkochen. 50 g des Puddings in eine Schüssel abfüllen und zur Seite stellen.
9. Den restlichen Pudding vorsichtig auf den Kuchen löffeln und abkühlen lassen.
10. Die Erdbeeren waschen, entstielen, halbieren und auf dem Pudding verteilen.

11. Für den Guss den Erdbeersaft mit dem Agar Agar in einem Topf verrühren und 2 Minuten köcheln lassen, dann mithilfe eines Pinsels auf den Erdbeeren verteilen.

12. Die Torte 1 Stunde kalt stellen.

13. Das Erdbeerherz vorsichtig aus der Form lösen, auf eine Platte setzen und den Rand dünn mit dem beiseitegestellten Pudding bestreichen. Die gerösteten Mandeln an den Rand drücken und Erdbeerherz servieren.

Himbeer-Wickeltorte

ZUBEREITUNGSZEIT: 4 STUNDEN
KÜHLZEIT: ½ STUNDE

Für 1 Torte (10 Stücke)

ZUTATEN:

FÜR DIE BUTTERCREME:
1 Pck. Vanillepuddingpulver
400 ml Pflanzendrink
40 g plus 2 EL Zucker
300 g Himbeeren
200 g vegane Butter (Zimmertemperatur)
60 g Himbeerkonfitüre

FÜR DEN BISKUITBODEN:
25 g vegane Butter
160 g Mehl
60 g Backkakao
160 g Zucker + mehr zum Bestreuen
1 TL Backpulver
1 Prise Salz
½ TL Vanillezucker
125 ml Pflanzendrink
50g Aquafaba

FÜR DEN MÜRBETEIG:
85 g vegane Butter + mehr für die Form
20 g Mehl + mehr für Form und Arbeitsfläche
60 g Zucker
1 Prise Salz
50 g Himbeerkonfitüre

AUSSERDEM:
Springform (Ø 20 cm)
Tortenring

1. Für die Buttercreme das Puddingpulver in einer Schüssel mit 4 EL Pflanzendrink vermischen. Den restlichen Pflanzendrink mit 20 g Zucker in einen Topf geben und aufkochen. Das angerührte Puddingpulver zufügen und Pudding unter Rühren 1 Minute köcheln lassen.

2. In eine Schale umfüllen und 20 g Zucker darüberstreuen, sodass sich keine Haut bildet. Den Pudding auf Zimmertemperatur abkühlen lassen.

3. Backofen auf 180 °C Ober-/Unterhitze vorheizen und ein Backblech mit Backpapier auslegen.

4. Die Himbeeren waschen und mit 2 EL Zucker in einen Topf geben und kurz aufkochen. Danach abkühlen lassen. Die Himbeeren durch ein Sieb in eine Schüssel streichen, sodass alle Kerne entfernt sind.

5. Für den Biskuitboden die vegane Butter in einem Topf bei geringer Hitze schmelzen.

6. Die trockenen Zutaten in einer Schüssel vermischen. Zuerst den Pflanzendrink, dann die Butter zugeben und mit dem Schneebesen kurz verrühren.

7. Aquafaba in eine Schüssel geben, mithilfe eines Handrührgeräts aufschlagen und unter den Teig heben.

8. Den Teig auf das Backblech streichen und 15 Minuten im Ofen backen. Ein feuchtes Geschirrtuch mit Zucker bestreuen, den Kuchen darauf stürzen und das Backpapier vorsichtig abziehen. Das Tuch über den Rand schlagen.

9. Die Springform fetten und bemehlen.

10. Die Zutaten für den Mürbeteig außer der Konfitüre in einer Schüssel mit dem Handrührgerät verkneten und auf einer bemehlten Arbeitsfläche rund ausrollen. Dann den Springformboden damit belegen. Den Mürbeteig mehrfach mit einer Gabel einstechen und 10–15 Minuten bei 180 °C Ober-/Unterhitze im Ofen backen.

Tipp:

Statt der Himbeeren eignen sich auch alle anderen Beeren.

11. Herausnehmen und vollständig abkühlen lassen.

12. Sobald der Pudding und der Kuchen abgekühlt sind, für die Buttercreme die vegane Butter in einer Schüssel mit dem Handrührgerät cremig rühren. Nach und nach den erkalteten Pudding untermischen. Dabei darauf achten, dass Butter und Pudding Zimmertemperatur haben, da sonst die Buttercreme gerinnt. Anschließend 150 g Himbeerpüree langsam untermischen.

13. Den Mürbeteig auf eine Kuchenplatte setzen und mit Himbeerkonfitüre bestreichen.

14. Die Biskuitplatte zuerst mit der Himbeerkonfitüre und anschließend mit 2/3 der Buttercreme bestreichen, dann die Biskuitplatte quer in 6 gleich breite Streifen schneiden. Den ersten Streifen vorsichtig aufrollen und in die Mitte des Mürbeteigbodens setzen. Die übrigen Streifen wie ein Schnecke darumlegen.

15. Einen Tortenring fest um die Torte legen und die Torte für 30 Minuten kalt stellen. Anschließend die Torte vollständig mit der restlichen Buttercreme einstreichen.

Sommerliche Gartenparty

Mango-Kokos-Torte

ZUBEREITUNGSZEIT: 2 STUNDEN

Für 1 Torte (10 Stücke)

ZUTATEN:

FÜR DEN BODEN:
200 g vegane Butterkekse
120 g Kokosöl
100 g Kokosraspel

FÜR DIE KOKOSSCHICHT:
100 g vegane Schlagsahne
400 g Kokosjoghurt
Menge Agar Agar für 500 ml Flüssigkeit
Abrieb von 1 Bio-Zitrone
50 g Puderzucker

FÜR DIE MANGOSCHICHT:
200 g vegane Schlagsahne
200 g Mangopüree
Menge Agar Agar für 500 ml Flüssigkeit
60 g Agavendicksaft

FÜR DEN MANGOSPIEGEL:
200 g Mangopüree
Menge Agar Agar für 200 ml Flüssigkeit

AUSSERDEM:
Springform (Ø 20 cm)

1. Für den Boden zunächst die Butterkekse in einen Gefrierbeutel füllen und mit einem Rollholz zerbröseln.
2. Das Kokosöl in einem Topf bei geringer Hitze schmelzen.
3. Butterkeksbrösel und Kokosraspel in einer Schüssel vermischen. Kokosöl zugeben und mithilfe eines Löffels vermischen.
4. Den Boden der Springform mit Backpapier auslegen. Keksmischung hineingeben und gut andrücken. Den Boden bis zur weiteren Verarbeitung kalt stellen.
5. Für die Kokosschicht die vegane Sahne in einer Schüssel mit dem Handrührgerät aufschlagen
6. 100 g des Joghurts in einem Topf mit dem Agar Agar vermengen und 2 Minuten köcheln lassen.
7. Den restlichen Joghurt in einer Schüssel mit dem Zitronenabrieb und dem Puderzucker vermengen. Den aufgekochten Joghurt untermischen. Dann die Sahne unterheben.
8. Creme auf den Keksboden geben und verstreichen.
9. Für die Mangoschicht die vegane Sahne in einer Schüssel aufschlagen.
10. Mangopüree, Agavendicksaft und Agar Agar in einem Topf verrühren und 2 Minuten köcheln lassen. Das Ganze ein bisschen abkühlen lassen, dann nach und nach die aufgeschlagene Sahne unterheben.
11. Die Mangomasse auf die Kokoschicht geben und Torte kalt stellen, während der Fruchtspiegel vorbereitet wird.
12. Für den Fruchtspiegel Mangopüree und Agar Agar in einem Topf vermischen und 2 Minuten unter Rühren köcheln lassen. Dann auf der Torte verteilen. Torte bis zum Servieren kalt stellen.

Zitronen-Tarte

ZUBEREITUNGSZEIT: 1½ STUNDEN
KÜHLZEIT: ÜBER NACHT

Für 1 Tarte (10 Stücke)

ZUTATEN:

FÜR DEN TEIG:
150 g Mehl + mehr für die Arbeitsfläche und die Form
100 g (kalte) vegane Butter + mehr für die Form
50 g Puderzucker
1 Prise Salz
½ TL Vanillezucker

FÜR DAS LEMON CURD:
200 ml Zitronensaft
220 g Zucker
20 g Vanillezucker
90 g vegane Butter
100 g vegane Sahne
25 g Speisestärke
30 ml Wasser
Abrieb von 2 Bio-Zitronen

ZUM GARNIEREN:
Zitronenscheiben
Minzeblätter
Puderzucker

AUSSERDEM:
Tarteform mit herausnehmbarem Boden (Ø 20/22 cm)

1. Für den Teig alle Zutaten in eine Schüssel geben und mit dem Handrührgerät verkneten. Teig zu einer Kugel formen, in Klarsichtfolie wickeln und 1 Stunde kalt stellen.

2. Währenddessen für den Lemon Curd den Zitronensaft mit dem Puderzucker und dem Vanillezucker in einen Topf geben und unter Rühren 5 Minuten köcheln lassen.

3. Anschließend vegane Butter und Sahne dazugeben und weitere 4 Minuten unter Rühren köcheln lassen lassen.

4. Die Speisestärke in einer Tasse mit dem Wasser glatt rühren und dann in den Topf geben. Unter Rühren noch 1 Minute köcheln lassen. Den Abrieb der Bio-Zitronen unterrühren.

5. Topf vom Herd nehmen und Masse abkühlen lassen.

6. Den Teig auf einer mit Mehl bestreuten Arbeitsfläche ausrollen.

7. Den Backofen auf 180 °C Ober-/Unterhitzen vorheizen.

8. Die Tarteform mit Butter einfetten und mit Mehl bestäuben. Anschließend Form mit dem Teig auskleiden, dabei einen 1 ½–2 cm hohen Rand formen. Boden mit einer Gabel mehrmals einstechen und in 15–20 Minuten im Ofen goldbraun backen.

9. Dann herausnehmen und Boden in der Form vollständig auskühlen lassen.

10. Die Füllung auf dem Boden verteilen und Tarte am besten über Nacht in den Kühlschrank stellen.

11. Vor dem Servieren nach Belieben mit Zitronenscheiben, Minzeblättern und etwas Puderzucker garnieren.

Butterkekskuchen mit Himbeeren

ZUBEREITUNGSZEIT: 2 STUNDEN

Für 12–15 Stücke

ZUTATEN:

FÜR DEN TEIG:
- 45g vegane Butter/Margarine
- 130 g Zucker
- 230g Mehl
- 1 TL Backpulver
- 1 Prise Salz
- 1 TL Vanillezucker
- 225ml Pflanzendrink

FÜR DEN HIMBEERBELAG:
- 1 Pck. Vanillepuddingpulver
- 40 g Zucker
- 200 ml Wasser
- 350g TK-Himbeeren
- 150ml Himbeersaft

FÜR DIE CREME:
- 500 ml vegane Schlagsahne
- 2 Pck. Sahnesteif
- ½ TL Vanillezucker

AUSSERDEM:
- 12–15 vegane Butterkekse

1. Den Backofen auf 180 °C Ober-/Unterhitze vorheizen und ein Backblech (27 × 18 cm/Höhe 7 cm) mit Backpapier auslegen.

2. Für den Teig den veganen Butterersatz in einem Topf bei geringer Hitze schmelzen.

3. Die trockenen Zutaten in einer Schüssel vermischen. Zuerst den Pflanzendrink, dann den geschmolzenen Butterersatz zugeben und mit dem Schneebesen kurz verrühren.

4. Den Teig auf das Backblech streichen und 30–35 Minuten im Ofen backen. Blech herausnehmen und den Boden vollständig abkühlen lassen.

5. Währenddessen für den Belag Puddingpulver in einer Schüssel mit Zucker und 200 ml Wasser verrühren.

6. Himbeeren mit dem Saft und dem restlichen Wasser in einen Topf geben und aufkochen lassen. Das angerührte Puddingpulver zufügen und alles unter Rühren 1 Minute köcheln lassen. Den heißen Belag auf dem Boden verstreichen und fest werden lassen.

7. Für die Creme Sahne mit Sahnesteif und Vanillezucker in einer Schüssel mit dem Handrührgerät steif schlagen. Sahne auf dem Himbeerbelag verstreichen und Kuchen bis zum Servieren in den Kühlschrank stellen.

8. Vor dem Servieren Butterkekse mit etwas Abstand nebeneinander auf den Teig legen und Kuchen um die Kekse herum in 12–15 Stücke schneiden.

Heidelbeer-Muffins mit Streuseln

ZUBEREITUNGSZEIT: 1 STUNDE

Für 8–10 Stück

ZUTATEN:

FÜR DIE STREUSEL:
60 g vegane Butter
25 g Zucker
90 g Mehl
1 Prise Salz

FÜR DEN TEIG:
50 g vegane Butter/ Margarine
160 g Zucker
270 g Mehl
1 TL Backpulver
½ TL Vanillezucker
1 Prise Salz
210 ml Pflanzendrink
150 g Heidelbeeren

AUSSERDEM:
8–10 Muffinförmchen

1. Alle Zutaten für die Streusel in eine Schüssel geben und mit den Händen zu Streuseln kneten. Bis zur Verarbeitung kalt stellen.
2. Den Backofen auf 180 °C Ober-/Unterhitze vorheizen.
3. Für den Teig den veganen Butterersatz in einem Topf bei geringer Hitze schmelzen.
4. Die trockenen Zutaten in einer Schüssel vermischen. Zuerst den Pflanzendrink, dann den veganen Butterersatz hinzugeben und mit dem Schneebesen so kurz wie möglich verrühren.
5. Die Heidelbeeren waschen, trocken tupfen und unter den Teig heben.
6. Den Teig in die Muffinförmchen füllen, sodass sie zu ⅔ gefüllt sind, und die Streusel darauf verteilen. Muffins 20–25 Minuten im Ofen backen.

Zitronen-Kokos-Kuchen mit Brombeersahne

ZUBEREITUNGSZEIT: 2 STUNDEN

Für 12–15 Stücke

ZUTATEN:

FÜR DEN TEIG:

75 g vegane Butter/ Margarine + mehr für die Form
1 Prise Salz
100 g Kokosflocken
300 g Mehl
200 g Zucker
½ TL Backpulver
4 g Natron
Abrieb von 1 von Bio-Zitrone
100 ml Zitronensaft
220 ml Pflanzendrink

FÜR DEN GUSS:

100 ml Zitronensaft
20 g Puderzucker

FÜR DIE BROMBEERSAHNE:

300 g pürierte, passierte Brombeeren
250 g vegane Schlagsahne
30 g Puderzucker
Agar Agar für 500 ml Flüssigkeit

AUSSERDEM:

Backform (38 × 27 cm)

1. Den Backofen auf 180 °C Ober-/Unterhitze vorheizen.
2. Für den Teig zuerst den veganen Butterersatz bei geringer Hitze in einem Topf schmelzen.
3. Alle trockenen Zutaten und den Zitronenabrieb in einer Schüssel vermischen. Den Zitronensaft in einer Schüssel mit dem Pflanzendrink vermischen. Zuerst den Pflanzendrink, dann den geschmolzenen Butterersatz zu den trockenen Zutaten geben und alles mit dem Handrührgerät kurz verrühren.
4. Den Teig in die gefettete Form füllen und gleichmäßig verstreichen. Den Kuchen 40 Minuten im Ofen backen.
5. In der Zwischenzeit den Guss vorbereiten, dafür den Zitronensaft in einem Topf leicht erwärmen, sodass sich der Puderzucker gut darin auflöst. Beiseitestellen.
6. Sobald der Kuchen aus dem Ofen kommt, diesen mehrfach mit einer Gabel oder einem Schaschlikspieß einstechen und den Zitronenguss gleichmäßig auf dem Kuchen verstreichen.
7. Den Kuchen nun vollständig auskühlen lassen.
8. Für die Brombeersahnefüllung zunächst die vegane Sahne in einer Schüssel mithilfe eines Handrührgeräts aufschlagen.
9. Die Brombeeren mit dem Puderzucker vermischen.
10. Die Hälfte der Brombeeren in einen Topf geben und unter Rühren 2 Minuten aufkochen. Mischung zurück zu den Brombeeren geben und einen Augenblick abkühlen lassen. Dann ⅓ der Sahne unterrühren. Nach und nach die restliche Sahne vorsichtig unterheben. Die Brombeersahne auf dem Zitronenboden verstreichen.
11. Den Kuchen bis zum Verzehr abkühlen lassen.

Tipp:

Eine Brombeermarmelade auf den Zitronenboden vestreichen, bevor die Brombeersahne darauf verstrichen wird, kann den Brombeergeschmack verstärken.

Heidelbeer-Zitronen-Torte

ZUBEREITUNGSZEIT: 3 STUNDEN

Für 1 Torte (10–12 Stücke)

ZUTATEN:

FÜR DEN TEIG:
- 65 g vegane Butter/ Margarine + mehr für die Form
- ½ TL Natron
- 1 Prise Salz
- ½ TL Vanillezucker
- 220 g Zucker
- 350 g Mehl_+ mehr für die Form
- 4 g Backpulver
- Abrieb von 1 Bio-Zitrone
- 100 ml Zitronensaft
- 230 ml Pflanzendrink
- 150–200 g Heidelbeeren

FÜR DAS FROSTING:
- 150 g vegane Butter (Zimmertemperatur)
- 150 g Puderzucker
- ½ TL Vanillezucker
- 450 g veganer Frischkäse

ZUM GARNIEREN:
- Zitronenscheiben
- Heidelbeeren
- essbare Blüten

AUSSERDEM:
- Springform (Ø 22 cm)

1. Den Backofen auf 180 °C Ober-/Unterhitze vorheizen.
2. Für den Teig zuerst den veganen Butterersatz bei geringer Hitze in einem Topf schmelzen.
3. Alle trockenen Zutaten und den Zitronenabrieb in einer Schüssel vermischen.
4. Den Zitronensaft in einer Schüssel mit dem Pflanzendrink verrühren.
5. Zuerst den Pflanzendrink, dann den geschmolzenen Butterersatz zu den trockenen Zutaten geben und alles mit dem Schneebesen kurz verrühren.
6. Die Heidelbeeren waschen, trocken tupfen und vorsichtig mithilfe eines Teigschabers unter den Teig heben.
7. Die Springform einfetten, mit Mehl bestäuben und den Teig hineinfüllen. Kuchen 40–45 Minuten im Ofen backen.
8. Herausnehmen und vollständig auskühlen lassen.
9. Anschließend den Kuchen einmal horizontal durchschneiden, sodass 2 Böden entstehen.
10. Für das Frosting die weiche Butter in einer Schüssel mit dem Handrührgerät auf höchster Stufe hell und schaumig schlagen. Den gesiebten Puderzucker und Vanillezucker hinzugeben und weiter zu einer fluffigen Creme schlagen.
11. Nun den Frischkäse schnell untermischen. Sollte die Creme zu weich sein, kurz in den Kühlschrank stellen.
12. 1 Kuchenboden auf eine Tortenplatte legen und mit dem Frostig bestreichen. Den zweiten Kuchenboden daraufsetzen und mit dem restlichen Frosting gleichmäßig einstreichen.
13. Nun die Torte nach Belieben mit Zitronenscheiben, Heidelbeeren und essbaren Blüten verzieren und bis zum Verzehr kalt stellen.

Schokobrownies mit Himbeeren und Cheesecake

ZUBEREITUNGSZEIT: 2 STUNDEN

Für 10–12 Stücke

ZUTATEN:

FÜR DEN BELAG:

90 g vegane Butter
1 Pck. Puddingpulver
200 g vegane Sahne
400 g veganer Skyr
100 g veganer Frischkäse oder Crème fraîche
90 g Puderzucker
1 Prise Salz
Abrieb von ½ Bio-Zitrone
200 g Himbeeren

FÜR DEN TEIG:

65 g vegane Butter
285 g Mehl
85 g Backkakao
230 g Zucker
6 g Backpulver
1 Prise Salz
½ TL Vanillezucker
380 ml Pflanzendrink
100 g vegane Schokodrops (optional)

AUSSERDEM:

Springform (Ø 22 cm)

1. Den Backofen auf 180 °C Ober-/Unterhitze vorheizen und die Springform mit Backpapier auslegen.
2. Für den Belag die vegane Butter in einem Topf bei geringer Hitze schmelzen.
3. Das Puddingpulver in einer Schüssel mit der veganen Sahne verrühren. Anschließend Skyr, Frischkäse, Puderzucker, Salz, Zitronenabrieb und geschmolzene Butter zugeben und mit einem Schneebesen glatt rühren. Füllung zur Seite stellen.
4. Für den Teig die vegane Butter in einem Topf bei geringer Hitze schmelzen.
5. Alle trockenen Zutaten in einer Schüssel vermischen. Zuerst den Pflanzendrink und anschließend die geschmolzene Butter dazugeben und alles kurz mit dem Schneebesen verrühren. Optional die Schokodrops unterheben. Teig in die Springform füllen.
6. Himbeeren vorsichtig waschen und trocken tupfen, dann auf dem Teig verteilen und die Cheesecakemasse darüberstreichen.
7. Den Kuchen 55–60 Minuten im Ofen backen.
8. Herausnehmen und Kuchen vollständig (am besten über Nacht) abkühlen lassen.

Tipp:

Eine Himbeersoße passt super zu den Brownies. Die Himbeeren kann man auch durch andere Beeren oder Früchte ersetzen oder ganz weglassen.

RIP.

Halloween

Fledermausmuffins

ZUBEREITUNGSZEIT: 2 STUNDEN
KÜHLZEIT: 2 STUNDEN

Für 8 Stück

ZUTATEN:

FÜR DEN TEIG:
45 g vegane Butter/ Margarine + mehr für die Form
185 g Mehl
50 g Backkakao
165 g Zucker
½ TL Backpulver
1 Prise Salz
½ TL Vanillezucker
240 ml Pflanzendrink

FÜR DAS TOPPING:
200 g veganer Frischkäse
20 g Puderzucker
125 g vegane Butter (Zimmertemperatur)
½ TL Vanillezucker

ZUM GARNIEREN:
20 g Puderzucker
1–2 TL Zitronensaft
16 vegane Milchcreme-Kekse
16 Zuckeraugen

AUSSERDEM:
Muffinform
Spritzbeutel mit Sterntülle und Lochtülle (kleines Loch)

1. Den Backofen auf 180 °C Ober-/Unterhitze vorheizen und die Muffinform einfetten.

2. Für den Teig den veganen Butterersatz in einem Topf bei geringer Hitze schmelzen.

3. Alle trockenen Zutaten in einer Schüssel vermischen. Zuerst Pflanzendrink, dann Butterersatz zugeben und mit dem Schneebesen kurz verrühren. Teig in die Muffinmulden füllen und 20 Minuten im Ofen backen.

4. Herausnehmen und auskühlen lassen.

5. Die Zutaten für das Topping in einer Schüssel gut verrühren. Masse in einen Spritzbeutel mit Sterntülle füllen und auf die Muffins spritzen. Muffins 1–2 Stunden kalt stellen.

6. Danach Puderzucker in einer Schüssel mit dem Zitronensaft zu einem glatten Guss verrühren und diesen in einen Spritzbeutel mit Lochtülle (kleines Loch) füllen.

7. Auf 12 Kekse je 2 kleine Kleckse Zuckerguss spritzen und 2 Augen darauf kleben. Trocknen lassen.

8. Die restlichen Kekse vorsichtig halbieren.

9. Kurz vor dem Servieren die Muffins mit den Fledermäusen verzieren, dazu die Kekse mit den Augen als Gesicht auf das Frosting setzen. Dann jeweils ½ Keks rechts und links als Flügel platzieren.

Schokograbkuchen

ZUBEREITUNGSZEIT: 2 STUNDEN

Für 12 Stücke

ZUTATEN:

FÜR DEN TEIG:

150 g vegane Butter + mehr für die Form
250 g Zucker
120 ml Pflanzendrink
280 g Mehl
1 TL Backpulver
100 g Backkakao
1 Prise Salz
½ TL Vanillezucker
100 g vegane Schokodrops
100 g Walnusskerne

FÜR DIE GLASUR:

150 g Zartbitterschokolade
100 ml vegane Sahne

ZUM GARNIEREN:

50 Salzstangen
50 g vegane Schokolade
5 vegane Butterkekse

AUSSERDEM:

rechteckige Backform (27 × 18 cm)

1. Den Backofen auf 180 °C Ober-/Unterhitze vorheizen und Backform einfetten.

2. Für den Teig den vegane Butter schmelzen und in eine Schüssel geben. Zucker und anschließend den Pflanzendrink zufügen und alles mit einem Holzlöffel verrühren.

3. Mehl, Backpulver, Backkakao, Salz und Vanillezucker in einer anderen Schüssel miteinander vermengen. Butter-Zucker-Mischung zugeben und alles gut verrühren. Anschließend die Schokodrops und die Walnüsse unterheben.

4. Den Teig in die Form füllen und 25–30 Minuten im Ofen backen.

5. Herausnehmen und Kuchen gut auskühlen lassen.

6. Für die Glasur die Zartbitterschokolade in einer Schüssel über einem warmen Wasserbad schmelzen. Schüssel beiseitestellen

7. Die vegane Sahne in einem Topf zum Kochen bringen und dann nach und nach mit der Schokolade verrühren. Masse so lange kalt stellen, bis sie streichfest ist.

8. Den Kuchen aus der Form holen und den Rand 1 cm dick abschneiden, zerkrümeln und zur Seite stellen.

9. Kuchen auf eine Platte setzen und komplett mit der Glasur bestreichen. Die Salzstangen am Rand des Kuchens festdrücken.

10. Zum Garnieren die Schokolade in einer Schüssel über einem warmen Wasserbad schmelzen. Schüssel beiseitestellen.

11. Die Butterkekse mit der geschmolzenen Schokolade beschriften, zum Beispiel R. I. P. -Kekse in das Topping stecken und jeweils ein paar Teigkrümel davorstreuen.

R.I.P
1801
1990
R.I.P

Marzipan-Apfel-Kuchen

ZUBEREITUNGSZEIT: 2 STUNDEN

Für 1 Kuchen (12–15 Stücke)

ZUTATEN:

FÜR DEN TEIG:

180 g vegane Butter + mehr für die Form
200 g Zucker
450 g Mehl
1 TL Backpulver
1 Prise Salz
½ TL Vanillezucker
4 TL Bratapfelgewürz
300 g Äpfel
225 g Marzipanrohmasse
450 ml Pflanzendrink
½ Fläschen Bittermandelaroma

FÜR DAS TOPPING:

20 g Zucker
5 g Zimt
70 g Mandelblättchen
40 g vegane Butter

AUSSERDEM:

rechteckige Backform (32 × 20 cm)

1. Den Backofen auf 180 °C Ober-/Unterhitze vorheizen und die Form einfetten.
2. Für den Teig die trockenen Zutaten in einer Schüssel vermischen.
3. Die Äpfel schälen, entkernen und in eine Schüssel raspeln.
4. Das Marzipan mit der Butter in eine Schüssel geben und mit den Händen verkneten. Dann die trockenen Zutaten, den Pflanzendrink und das Bittermandelaroma zufügen und alles mit dem Handrührgerät vermischen.
5. Die geraspelten Äpfel unter den Teig heben und diesen in die Form füllen.
6. Für das Topping Zucker und Zimt in einer Tasse gut vermischen und mit den Mandelblättchen auf den Kuchen streuen. Die Butter in kleine Stückchen schneiden und über den Mandelblättchen verteilen. Kuchen 45–50 Minuten im Ofen backen.
7. Herausnehmen und gut abkühlen lassen.

Kürbis-Schoko-Torte

ZUBEREITUNGSZEIT: 2 STUNDEN
KÜHLZEIT: 1 STUNDE

Für 1 Torte (10–12 Stücke)

ZUTATEN:

FÜR DEN TEIG:

90 g vegane Butter/Margarine + mehr für die Form
360 g Mehl + mehr für die Form
320 g Zucker
90 g Backkakao
2 TL Backpulver
½ TL Vanillezucker
1 Prise Salz
250 g Kürbispüree
300 ml Pflanzendrink

FÜR DIE CREME:

250 g vegane Mascarpone
20 g Puderzucker
½ TL Vanillezucker
orange Lebensmittelfarbe
250 g vegane Schlagsahne

FÜR DEN GUSS:

100 g vegane Schokolade
100 g vegane Sahne

AUSSERDEM:

Springform (Ø 20 cm)

1. Den Backofen auf 180 °C Ober-/Unterhitze vorheizen und die Form mit Buttterersatz einfetten und mit Mehl bestreuen.
2. Für den Teig den Butterersatz in einem Topf bei geringer Hitze schmelzen.
3. Alle trockenen Zutaten in einer Schüssel vermischen. Zuerst das Kürbispüree und den Pflanzendrink, dann den Butterersatz zugeben und mit dem Schneebesen so kurz wie möglich verrühren.
4. Den Teig in die Springform füllen und glatt streichen. Kuchen 30 Minuten im Ofen backen.
5. Herausnehmen und vollständig abkühlen lassen.
6. Anschließend den Kuchen einmal horizontal durchschneiden, sodass 2 Böden entstehen.
7. Für die Creme Mascarpone, Puderzucker und Vanillezucker in einer Schüssel cremig rühren und mit oranger Lebensmittelfarbe nach Belieben einfärben.
8. Die Sahne in einer Schüssel mit dem Handrührgerät steif aufschlagen. Anschließend unter die Creme heben.
9. Ca. 120 g der Creme zur Seite stellen.
10. Einen Boden auf eine Tortenplatte legen und mit ¼ der Creme bestreichen. Den zweiten Boden aufsetzen und dann die ganze Torte mit der restlichen Creme einstreichen. Torte mindestens 1 Stunde kalt stellen.
11. Für den Guss Schokolade in einer Schüssel über einem warmen Wasserbad schmelzen. Schüssel beiseitestellen.
12. Die vegane Sahne in einem Topf zum Kochen bringen und nach und nach mit der geschmolzenen Schokolade verrühren. Guss zur Seite stellen, bis er langsam beginnt anzuziehen.

Tipp:

Wer mag, kann die Böden noch mit Kaffee beträufeln.

13. Den Guss auf der Torte verteilen, dabei am besten zuerst am Rand anfangen und in Abständen immer etwas Schokoguss den Rand herunterlaufen lassen. Anschließend die Mitte mit Guss bedecken.

14. Die Torte kalt stellen, bis der Guss angezogen ist. Danach die beiseitegestellte Creme in einen Spritzbeutel mit Sterntülle füllen und Tupfen auf die Torte spritzen.

15. Die Torte bis zum Verzehr kalt stellen.

Red Velvet Cake

ZUBEREITUNGSZEIT: 2 STUNDEN

Für 1 Kuchen
(10–12 Stücke)

ZUTATEN:

FÜR DEN TEIG:

90 g vegane Butter/Margarine + mehr für die Form
400 g Mehl + mehr für die Form
320 g Zucker
2 TL Backpulver
½ TL Vanillezucker
1 Prise Salz
450 ml Pflanzendrink
2–3 Tropfen rote Lebensmittelfarbe (backfest)

FÜR DIE CREME:

250 g vegane Butter (Zimmertemperatur)
150 g Puderzucker
½ TL Vanillezucker
600 veganer Frischkäse (Zimmertemperatur)

AUSSERDEM:

Springform (Ø 22 cm)

1. Den Backofen auf 175 °C Ober-/Unterhitze vorheizen, die Springform einfetten und mit Mehl bestreuen.
2. Für den Teig den Butterersatz in einem Topf bei geringer Hitze schmelzen.
3. Die trockenen Zutaten in einer Schüssel vermischen. Zuerst den Pflanzendrink, dann den Butterersatz und die Lebensmittelfarbe zugeben und mit dem Schneebesen so kurz wie möglich verrühren.
4. Den Teig in die Springform füllen, glatt streichen und 45 Minuten im Ofen backen.
5. Herausnehmen und Kuchen vollständig abkühlen lassen.
6. Danach Kuchen einmal horizontal durchschneiden, sodass 2 Böden entstehen.
7. Für die Creme sollten alle Zutaten dieselbe Temperatur haben (zimmerwarm). Butter mit dem gesiebten Puderzucker und dem Vanillezucker in eine Schüssel geben und mit dem Handrührgerät aufschlagen, bis die Masse richtig hell ist. Danach den Frischkäse vorsichtig untermischen.
8. 1 Boden auf eine Tortenplatte setzen und mit Creme bestreichen. Den zweiten Boden daraufsetzen und die Torte komplett mit der restlichen Creme ummanteln.
9. Die Torte bis zum Verzehr kalt stellen.

Tipp:

Als Dekoration für Halloween kann man noch einen Drip aus weißer Schokolade rot einfärben und wie Blut über die Torte laufen lassen. Wer als Deko zum Beispiel rote Zuckerherzen auf die Torte streut, kann sie auch gut zum Valentinstag verschenken.

Weihnachten

Kokosmakronen

ZUBEREITUNGSZEIT: 1 STUNDE

Für 15 Stück

ZUTATEN:

FÜR DEN TEIG:
40 g Kokosöl
200 g Kokosraspel
80 g Mehl
100 g Puderzucker
1 Prise Salz
140 ml Pflanzendrink

ZUM GARNIEREN:
150 g Zartbitterkuvertüre

1. Den Backofen auf 180 °C Umluft vorheizen und ein Backblech mit Backpapier auslegen.
2. Das Kokosöl in einem Topf schmelzen.
3. Kokosraspel, Mehl, Puderzucker und Salz in einer Schüssel vermischen. Das Kokosöl und den Pflanzendrink zugeben. Alles mit den Händen oder mithilfe eines Kochlöffels vermengen.
4. Aus dem Teig 15 Häufchen formen und diese auf das Blech setzen.
5. Kokosmakronen 20 Minuten im Ofen backen, bis die Oberfläche leicht gebräunt ist.
6. Die Kekse herausnehmen und vollständig auskühlen lassen.
7. Die Kuvertüre in einer Schüssel über einem warmen Wasserbad schmelzen. Schüssel zur Seite stellen. Kokosmakronen mit der Unterseite leicht in die Schokolade tauchen und auf ein Backpapier setzen.
8. Die Schokolade fest werden lassen.

Vanillekipferl

ZUBEREITUNGSZEIT: 1 STUNDE

Für 20 Stück

ZUTATEN:

FÜR DEN TEIG:

150 g vegane Butter
100 g Puderzucker
230 g Mehl
100 g gemahlene Mandeln
1 Pck. Vanillezucker

ZUM BESTÄUBEN:

60 g Puderzucker
1 Pck. Vanillezucker

1. Backofen auf 160 °C Umluft vorheizen und ein Backblech mit Backpapier auslegen.

2. Butterersatz und Puderzucker in einer Schüssel mit den Händen verkneten. Alle weiteren Zutaten für den Teig dazugeben und mit den Händen verkneten.

3. Von dem Teig walnussgroße Stückchen abnehmen und zu Hörnchen formen. Dabei die Enden leicht zusammendrücken, sodass die typische Vanillekipferleform entsteht. Kipferl auf das Blech setzen und 10 Minuten im Ofen backen.

4. Währenddessen Puderzucker und Vanillezucker in einer Schüssel mischen. Wenn die Kipferl aus dem Ofen kommen, sofort mit der Zuckermischung bestreuen. Dann auskühlen lassen.

Nuss-Nugat-Kekse

ZUBEREITUNGSZEIT: 2 STUNDEN
KÜHLZEIT: 1 STUNDEN

Für 25–30 Kekse

ZUTATEN:

FÜR DEN TEIG:
150 g Mehl + mehr für die Arbeitsfläche
150 g kalte vegane Butter
75 g Puderzucker
75 g gemahlene Haselnüsse
1 Prise Salz
½ TL Vanillezucker

FÜR DIE FÜLLUNG:
150 g Nugat

ZUM ÜBERZIEHEN:
200 g Zartbitterschokolade

AUSSERDEM:
Ausstecher nach Belieben
Spritzbeutel mit Lochtülle

1. Alle Zutaten für den Teig in eine Schüssel geben und mit den Händen verkneten. Dabei nur so lange kneten, bis ein homogener Teig entsteht. Den Teig mindestens 1 Stunde kalt stellen.

2. Den Backofen auf 180 °C Unter-/Oberhitze vorheizen und ein Backblech mit Backpapier auslegen.

3. Den Teig dann noch einmal kurz durchkneten und auf einer bemehlten Arbeitsfläche ausrollen. Dann mit Keksausstechern nach Belieben Plätzchen ausstechen. Dabei darauf achten, eine gerade Anzahl auszustechen. Die eine Hälfte der Kekse ist dann später die Oberseite und die andere die Unterseite.

4. Die Kekse mit ausreichend Abstand zueinander auf das Blech legen 8–10 Minuten im Ofen backen.

5. Herausnehmen und Kekse vollständig auskühlen lassen.

6. Den Nugat in einer Schüssel über einem warmen Wasserbad schmelzen, dabei darauf achten, dass er nur leicht erwärmt wird.

7. Nugat in einen Spritzbeutel mit Lochtülle füllen. Die Hälfte der Kekse auf der Unterseite mit Nugat bespritzen. Anschließend die restlichen Kekse auf den Nugat setzen und leicht andrücken. Nugat fest werden lassen.

8. Währenddessen Schokolade in einer Schüssel über einem warmen Wasserbad schmelzen. Schüssel zur Seite stellen. Die Kekse nun bis zur Hälfte in die Schokolade tunken, auf Backpapier legen und trocknen lassen.

Tipp:

Anstelle der gemahlenen Haselnüsse können auch andere Nüsse, wie zum Beispiel gemahlene Mandeln verwendet werden.

Zimtsterne

ZUBEREITUNGSZEIT: 2 STUNDEN
KÜHLZEIT: 1 STUNDEN

Für 30 Stück

ZUTATEN:

FÜR DEN TEIG:
170 g gemahlene Mandeln
140 g gemahlene Haselnüsse
90 g Puderzucker
1 EL Zimt
20 ml Zitronensaft
1 Prise Salz
60 ml Aquafaba
1 TL Backpulver

FÜR DEN GUSS:
20 ml Aquafaba
80 g Puderzucker

AUSSERDEM:
Ausstecher in Sternform

1. Gemahlene Mandeln, Haselnüsse, Puderzucker, Zimt, Zitronensaft und Salz in eine Schüssel geben und mit dem Handrührgerät verkneten.
2. Aquafaba und Backpulver in einer weiteren Schüssel steif schlagen und dann unter den Teig heben.
3. Teig abgedeckt mindestens 1 Stunde kühl stellen.
4. Den Backofen auf 180 °C Ober-/Unterhitze vorheizen und ein Backblech mit Backpapier auslegen.
5. Nun den Teig zwischen 2 Stücken Backpapier 6–7 mm dick ausrollen. Mit dem Ausstecher je nach Größe ca. 20 Sterne ausstechen, diese mit ausreichend Abstand auf das Backblech legen und 10 Minuten im Ofen backen.
6. Die Sterne herausnehmen, kurz abkühlen lassen, dann auf einem Kuchengitter verteilen.
7. Für den Guss Aquafaba in einer Schüssel steif schlagen und den gesiebten Puderzucker unterrühren.
8. Auf jeden Zimtstern 1 erbsengroßen Klecks Guss setzen, mit einem Messer verstreichen und Guss trocknen lassen.

Konfitürenkekse

ZUBEREITUNGSZEIT: 2 STUNDEN
KÜHLZEIT: 1 STUNDEN

Für 20 Stück (je nach Größe der Ausstecher)

ZUTATEN:

FÜR DEN TEIG:
100 g Mehl_+ mehr für die Arbeitsfläche
100 g kalte vegane Butter
50 g Puderzucker
50 g gemahlene Mandeln
1 Prise Salz
½ TL Vanillezucker

ZUM GARNIEREN:
100 g Puderzucker
100 g Konfitüre nach Belieben

AUSSERDEM:
Ausstecher nach Belieben

1. Alle Zutaten für den Teig in einer Schüssel mit dem Knethaken eines Handrührgerät oder den Händen verkneten. Dabei nur so lange kneten, bis ein homogener Teig entsteht.
2. Den Teig 30–60 Minuten kalt stellen.
3. Den Backofen auf 180 °C Umluft vorheizen und ein Backblech mit Backpapier auslegen.
4. Den Teig noch einmal kurz durchkneten und dann auf einer bemehlten Arbeitsfläche ausrollen.
5. Mit einem Ausstecher Kekse ausstechen und diese auf das Backblech legen. Dabei darauf achten, eine gerade Anzahl auszustechen. Optional bei der Hälfte der Kekse noch mithilfe eines kleineren Ausstechers mittig ein Loch ausstechen.
6. Kekse 8–10 Minuten im Ofen backen.
7. Die Hälfte der Kekse gleich, wenn sie aus dem Ofen kommen, mit Puderzucker bestreuen.
8. Die Kekse gut abkühlen lassen.
9. Die Konfitüre in einem Topf kurz aufkochen lassen. Nun Konfitüre auf die Unterseite der Kekse ohne Puderzucker streichen und die Kekse mit Puderzucker daraufsetzen.

Christstollen

ZUBEREITUNGSZEIT: 3 STUNDEN

Für 2 Stollen

ZUTATEN:

FÜR DEN TEIG:

150 g Rosinen
50 ml Amaretto
200 g gehackte oder gestiftete Mandeln
200 ml Pflanzendrink
170 g vegane Butter
400 g Mehl + mehr für die Arbeitsfläche
21 g frische Hefe oder 7 g Trockenhefe
60 g Zucker
1 Prise Salz
1 TL Christstollengewürz

FÜR DIE FÜLLUNG:

200 g Marzipanrohmasse

ZUM BESTREICHEN/BESTREUEN:

100 g vegane Butter
300 g Zucker

1. Für die Füllung Rosinen, Amaretto und Mandeln in einer Schüssel vermischen und am besten über Nacht durchziehen lassen.
2. Für den Teig Pflanzendrink und Butter in einem Topf lauwarm erwärmen, bis die Butter geschmolzen ist.
3. Das Mehl in eine große Schüssel geben und in die Mitte eine Mulde drücken. Die Hefe hineinbröseln. 2 EL Zucker und etwas lauwarme Pflanzendrinkmischung auf die Hefe geben. Ein wenig Mehl vom Rand zufügen und alles mit einem Löffel verrühren.
4. Zugedeckt an einem warmen Ort 30 Minuten gehen lassen.
5. Nun den restlichen Zucker, den restlichen Pflanzendrink, Salz und Christstollengewürz dazugeben und Teig mit dem Handrührgerät gut durchkneten.
6. Rosinen und Mandeln kurz einarbeiten. (Der Teig wird aufgrund des hohen Fettgehalts etwas glitschig, nicht wundern.)
7. Teig noch mal zugedeckt an einem wärmeren Ort 30 Minuten gehen lassen.
8. Backofen auf 190 °C Umluft vorheizen und ein Backblech mit Backpapier auslegen.
9. Teig halbieren und jede Hälfte auf der bemehlten Arbeitsfläche zu einem Oval ausrollen. Die Marzipanrohmasse teilen, jeweils zu einer Rolle formen und diese mittig auf die Ovale legen. Den Teig jeweils von unten halb nach oben klappen, dann den oberen Teil darüberschlagen.

10. Christstollen auf das Backblech legen und 40–45 Minuten im Ofen backen. (Wenn der Stollen zu dunkel wird, mit Alufolie abdecken.)

11. Währenddessen Butter in einem Topf bei geringer Hitze schmelzen.

12. Den heißen Stollen sofort mit der Butter bestreichen und mit dem Zucker bestreuen.

13. Der Stollen sollte am besten gut verpackt 1–2 Wochen lagern, bevor er gegessen wird.

Spekulatiuskuchen

ZUBEREITUNGSZEIT: 1 STUNDE

Für 1 Gugelhupf (10 Stücke)

ZUTATEN:

FÜR DEN TEIG:

180 ml Pflanzendrink
½ EL Apfelessig
80 g vegane Butter/ Margarine + mehr für die Form
100 g brauner Zucker
150 g Mehl + mehr für die Form
75 g gemahlene Mandeln oder gemahlene Haselnüsse
1 EL Speisestärke
½ TL Backpulver
1 TL Spekulatiusgewürz
Abrieb von 1 Bio-Orange
½ TL Zimt
1 Prise Salz
1 Schuss Sprudelwasser

AUSSERDEM:

Gugelhupfform (Ø 16 cm)
Puderzucker zum Bestäuben

1. Den Backofen auf 180 °C Umluft vorheizen.
2. Den Pflanzendrink in einer Schüssel mit dem Apfelessig vermischen und zur Seite stellen.
3. Den Butterersatz in einem Topf bei geringer Hitze schmelzen und ebenfalls beiseitestellen.
4. Die restlichen Zutaten in einer Schüssel vermischen. Zuerst den Pflanzendrink, dann den Butterersatz zugeben und mit dem Schneebesen kurz verrühren.
5. Die Gugelhupfform einfetten und mit Mehl bestäuben, dann den Teig einfüllen. 40–45 Minuten im Ofen backen.
6. Herausnehmen und abkühlen lassen.

Tipp:

Dieser Kuchen schmeckt auch super, wenn man 100 g vegane Schokodrops oder 150 g geriebenen Apfel in den Teig mischt.

Lebkuchen

ZUBEREITUNGSZEIT: 2 STUNDEN

Für 25 Stück (je nach Größe der Ausstecher)

ZUTATEN:

FÜR DEN TEIG:

40 g vegane Butter
300 g Mehl + mehr für die Arbeitsfläche
100 g gemahlene Mandeln
12 g Backpulver
180 g brauner Zucker
15 g Lebkuchengewürz
40 g Backkakao
200 ml Pflanzendrink
3 Tropfen Bittermandelaroma

ZUM ÜBERZIEHEN:

250 g Zartbitterschokolade

1. Den Backofen auf 180 °C Ober-/Unterhitze vorheizen und ein Backblech mit Backpapier auslegen.
2. Butter in einem Topf bei geringer Hitze schmelzen.
3. Alle trockenen Zutaten für den Teig in einer Schüssel vermischen. Dann Pflanzendrink, Butter und Bittermandelaroma zugeben und alles mit den Händen verkneten.
4. Den Teig auf einer bemehlten Fläche ausrollen und mit Ausstechern nach Belieben Lebkuchen ausstechen. Auf das Blech legen und 15 Minuten im Ofen backen.
5. Herausnehmen und abkühlen lassen.
6. Währenddessen die Zartbitterschokolade in einer Schüssel über einem warmen Wasserbad schmelzen. Die Lebkuchen mit der Schokolade überziehen und die Glasur trocknen lassen.

Schmalzgebäck

ZUBEREITUNGSZEIT: 2–3 STUNDEN

Für 25–30 Stück

ZUTATEN:
50 g vegane Butter
210 ml Pflanzendrink
450 g Mehl + mehr für die Arbeitsfläche
21 g frische Hefe
60 g Zucker
½ TL Vanillezucker
Abrieb von 1 Bio-Zitrone
1 Prise Salz

AUSSERDEM:
1 l Pflanzenöl zum Frittieren
Puderzucker zum Bestäuben

1. Die vegane Butter und den Pflanzendrink in einem Topf lauwarm erwärmen, bis die Butter geschmolzen ist.

2. Währenddessen die restlichen Zutaten in einer großen Schüssel vermischen. Butter-Pflanzendrink-Gemisch zugeben und zuerst alles mit einem Holzlöffel verrühren, bis der Teig sich ein wenig miteinander vermengt hat. Dann mit dem Handrührgerät alles 5 Minuten kneten.

3. Den Teig zugedeckt an einem warmen Ort 1 Stunde gehen lassen, bis sich sein Volumen verdoppelt hat.

4. Teig danach auf eine bemehlte Arbeitsfläche geben und noch einmal gut durchkneten. Sollte der Teig zu sehr kleben, ein bisschen Mehl einarbeiten, aber vorsichtig! Bei zu viel Mehl wird das Gebäck später zu trocken.

5. Den Teig zu einem Rechteck ausrollen und mit einem Messer in 25–30 gleich große Rauten schneiden. Das Frittieröl in einem großen Topf auf hoher Stufe erhitzen. Mit einem Holzlöffel prüfen, ob das Öl heiß ist. Dafür den Löffel hineinhalten. Wenn Blasen am Holzlöffel aufsteigen, ist das Fett heiß genug. In diesem Fall Hitze etwas reduzieren und mit dem Ausbacken beginnen.

6. Teigstücke mithilfe einer Schaumkelle in das Fett geben, auf einer Seite goldbraun backen, dann wenden und auf der anderen Seite ebenfalls goldbraun backen. Je nach Größe der Stücke kann das unterschiedlich lange dauern.

7. Schmalzgebäck mit der Schaumkelle herausheben, auf Küchenpapier abtropfen und ein wenig auskühlen lassen.

8. Am besten noch warm und mit Puderzucker bestreut genießen.

Tipp:

Das Schmalzgebäck schmeckt auch mit Nuss-Nugat-Aufstrich sehr gut. Sollte etwas übrig bleiben, Gebäck am nächsten Tag einfach im Backofen aufwärmen.

Spekulatius-Orangen-Torte (No Bake)

ZUBEREITUNGSZEIT: 2 STUNDEN
KÜHLZEIT: 1 STUNDE

Für 1 Torte (8–10 Stücke)

ZUTATEN:

FÜR DEN BODEN:
100 g vegane Butter
200 g Spekulatiuskekse
100 g vegane Schokoraspel

FÜR DEN BELAG:
300 g vegane Crème fraîche
50 g Puderzucker
Saft und Abrieb von 1 Bio-Orange
Menge Agar Agar für 750 ml Flüssigkeit
½ TL Vanillezucker
200 g vegane Schlagsahne

AUSSERDEM:
Springform (Ø 20 cm)

1. Springform mit Backpapier auslegen.

2. Für den Boden zuerst die Butter in einem Topf bei geringer Hitze schmelzen. Dabei darauf achten, dass er nicht zu heiß wird, weil sonst die Schokoraspel schmelzen.

3. Die Spekulatiuskekse in einen Gefrierbeutel füllen und mit dem Rollholz zerkrümeln. Mit den Schokoraspeln in eine Schüssel geben.

4. Die geschmolzene Butter zufügen und mithilfe eines Löffels vermengen. Teig in die Springform füllen und am Boden festdrücken. Boden kalt stellen, bis der Belag fertig ist.

5. Crème fraîche in einer Schüssel mit dem Puderzucker, dem Vanillezucker, dem Saft und der Schale der Orange verrühren. Die Hälfte der Creme mit dem Agar Agar in einen Topf geben und unter Rühren 2 Minuten köcheln lassen. Die restliche Creme einrühren und weitere 2 Minuten köcheln lassen. Topf vom Herd stellen und Masse kurz abkühlen lassen.

6. Die vegane Sahne in einer Schüssel mit dem Handrührgerät aufschlagen und unter die Creme heben. Creme auf dem Keksboden verstreichen und Torte mindestens 1 Stunde kalt stellen.

Tipp:

Füllung am besten abschmecken und je nach Intensität der Orange noch etwas mehr Abrieb und Saft zur Füllung geben.

Weihnachtlicher Marmorkuchen

ZUBEREITUNGSZEIT: 2 STUNDEN

Für 1 Kuchen (12–14 Stück)

ZUTATEN:

FÜR DEN HELLEN TEIG:
45 g vegane Butter/Margarine
170 g Mehl
60 g gemahlene Haselnüsse
150 g Zucker
1 TL Backpulver
½ TL Zimt
1 Prise Salz
½ TL Vanillezucker
240 ml Pflanzendrink

FÜR DEN DUNKLEN TEIG:
20 g Backkakao
10 ml Pflanzendrink
6 g Lebkuchengewürz

FÜR DIE GLASUR:
200 g Zartbitterschokolade

AUSSERDEM:
Kastenform (20 cm)

1. Den Backofen auf 180 °C Ober-/Unterhitze vorheizen und die Kastenform mit Backpapier auslegen.
2. Für den Teig zunächst den veganen Butterersatz in einem Topf bei geringer Hitze schmelzen.
3. Die trockenen Zutaten in einer Schüssel vermischen. Zuerst den Pflanzendrink und danach den Butterersatz dazugeben und erst dann den Teig mit einem Schneebesen so kurz wie möglich verrühren.
4. Den Teig auf 2 Schüsseln verteilen. In einen Teig den Backkakao, den Pflanzendrink und das Lebkuchengewürz einrühren.
5. Den dunklen Teig zuerst in die Kastenform füllen und verstreichen, anschließend den hellen Teig daraufgeben. Mit einer Gabel durch den Teig ziehen, damit das typische Marmormuster entsteht.
6. Den Kuchen 45–50 Minuten im Ofen backen.
7. Herausnehmen und Kuchen vollständig auskühlen lassen.
8. Für die Glasur Schokolade in einer Schüssel über einem warmen Wasserbad schmelzen. Kuchen mit der Glasur überziehen und Schokolade fest werden lassen.

Silvester

Apfelkuchen

ZUBEREITUNGSZEIT: 2 STUNDEN

Für 1 Kuchen (14 Stücke)

ZUTATEN:
75 g vegane Butter/ Margarine
400 g Äpfel
20 ml Zitronensaft
150 g gemahlene Mandeln
280 g Mehl
20 g Speisestärke
180 g Zucker
12 g Backpulver
½ TL Vanillezucker
1 Prise Salz
350 ml Pflanzendrink

FÜR DAS TOPPING:
50 g Mandelblättchen
10 g Zucker

AUSSERDEM:
Springform (Ø 26 cm)

1. Den Backofen auf 180 °C Umluft vorheizen und die Form mit Backpapier auslegen.
2. Den veganen Butterersatz in einem Topf bei geringer Hitze schmelzen und zur Seite stellen.
3. Äpfel schälen, entkernen und in kleine Stücke schneiden. In eine Schüssel geben und mit dem Zitronensaft vermischen.
4. Die trockenen Zutaten in einer Schüssel vermengen. Zuerst Pflanzendrink, dann Butterersatz zugeben und mit dem Schneebesen so kurz wie möglich verrühren, bis eine homogene Masse entsteht.
5. Die Hälfte des Teiges in die Form füllen. Die Äpfel unter den restlichen Teig heben und diesen dann ebenfalls in die Form geben.
6. Teig mit Mandelblättchen und Zucker bestreuen und Kuchen 45 Minuten im Ofen backen.
7. Herausnehmen und Kuchen abkühlen lassen.

Tipp:

Zu dem Kuchen passt Zimt super. Einfach ½ TL Zimt in den Teig geben und als Topping statt Zucker Zimtzucker verwenden. Man kann die Äpfel auch in Scheiben schneiden, den Teig komplett in die Form geben und vor dem Backen die Apfelscheiben in den Teig stecken.

Schoko-Cupcakes

ZUBEREITUNGSZEIT: 2 STUNDEN

Für 12 Stück

ZUTATEN:

FÜR DIE GANACHE:
400 g Zartbitterschokolade
300 g vegane Sahne

FÜR DEN TEIG:
60 g vegane Butter/ Margarine + mehr für die Form
260 g Mehl
180 g Zucker
50 g Backkakao
12 g Backpulver
½ TL Vanillezucker
1 Prise Salz
280 ml Pflanzendrink

AUSSERDEM:
Muffinform
Spritzbeutel mit Sterntülle
vegane Schokoraspel

1. Den Backofen auf 180 °C Ober-/Unterhitze vorheizen.
2. Für die Ganache zuerst die Schokolade in einer Schüssel über einem warmen Wasserbad schmelzen.
3. Die vegane Sahne in einem Topf zum Kochen bringen. Dann nach und nach mit der Schokolade verrühren.
4. Für den Teig Buttersersatz in einem Topf bei geringer Hitze schmelzen.
5. Die trockenen Zutaten in einer Schüssel vermischen. Dann Butterersatz mit dem Pflanzendrink zugeben und mit dem Handrührgerät kurz verrühren.
6. Die Muffinform einfetten, den Teig in die Mulden füllen und Muffins 20 Minuten im Ofen backen.
7. Herausnehmen und Muffins gut abkühlen lassen.
8. Die Ganache sollte nun angezogen, aber noch weich sein, sodass sie sich gut aufspritzen lässt, jedoch nicht wegfließt.
9. Die Ganache in einen Spritzbeutel mit Sterntülle füllen und die Muffins damit garnieren. Mit Schokoraspeln bestreuen.

Tipp:

Die vegane Sahne durch feines Himbeer- oder Erdbeerpüree ersetzen, so bekommt die Ganache eine fruchtige Note.

Zupfbrot

ZUBEREITUNGSZEIT: 2 STUNDEN

Für 12 Muffins

ZUTATEN:

FÜR DEN TEIG:

450 g Mehl + mehr für die Arbeitsfläche
20 g Zucker
½ TL Salz
21 g frische Hefe oder 7 g Trockenhefe
120 ml Pflanzendrink
120 ml Wasser
50 g vegane Butter/ Margarine + mehr für die Form

FÜR DIE KNOBLAUCHBUTTER:

150 g vegane Butter (Zimmertemperatur)
½ TL Salz
2–3 Knoblauchzehen
Schnittlauchröllchen (optional)

AUSSERDEM:

Muffinform

1. Für den Teig Mehl, Zucker, Salz und Hefe in eine Schüssel geben.

2. Pflanzendrink, Wasser und Butterersatz in einem Topf leicht erwärmen. Wenn der Butterersatz geschmolzen ist, das Ganze zu den trockenen Zutaten geben und mit dem Handrührgerät verrühren, bis der Teig nicht mehr klebt. Teig zugedeckt an einem wärmeren Ort ca. 1 Stunde gehen lassen.

3. In der Zwischenzeit die Knoblauchbutter zubereiten. Dafür den Butterersatz mit dem Salz in eine Schüssel geben. Den Knoblauch schälen und dazupressen. Alles gut vermengen und evtl. Schnittlauchröllchen unterheben.

4. Den Teig auf der bemehlten Arbeitsfläche zu einem Rechteck ausrollen. Mit der Knoblauchbutter bestreichen.

5. Teig in ca. 5 cm cm breite Streifen schneiden, dabei darauf achten das die Streifen nicht breiter als die Muffinform sind. Die Streifen in Vierecke schneiden. Die Muffinform einfetten. 3–4 Teigstücke aufeinanderlegen und in die Muffinmulden geben und dann etwas auseinanderzupfen. Teig noch einmal 20 Minuten gehen lassen.

6. Backofen auf 180 °C Ober-/Unterhitze vorheizen und das Zupfbrot 20 Minuten im Ofen backen. Wird das Zupfbrot zu dunkel, Alufolie auflegen.

7. Das Zupfbrot am besten warm genießen.

Tipp:

Das Zupfbrot kann auch in einer Kastenform gebacken werden, hier sollte nur die Backzeit erhöht werden.

Minibrötchen

ZUBEREITUNGSZEIT: 2 STUNDEN

Für 12 Stück

ZUTATEN:

FÜR DEN TEIG:

450 g Mehl + mehr für die Arbeitsfläche
1 gute Prise Zucker
1 TL Salz
21 g frische Hefe oder 7 g Trockenhefe
240 ml Wasser
50 g veganer Butterersatz

ZUM BESTREICHEN:

50 g vegane Butter (Zimmertemperatur)
1 Prise Salz
1 Knoblauchzehe
Kräuter, z.B. Schnittlauchröllchen (optional)

1. Für den Teig Mehl, Zucker, Salz und Hefe in eine Schüssel geben. Das Wasser mit der veganen Butter in einem Topf leicht erwärmen, bis die Butter geschmolzen ist. Die Flüssigkeit zu den trockenen Zutaten geben und mit dem Handrührgerät verkneten, bis der Teig nicht mehr klebt.
2. Teig an einem warmen Ort ca. 1 Stunde zugedeckt gehen lassen.
3. In der Zwischenzeit die Knoblauchbutter zubereiten. Dafür Butter mit dem Salz in eine Schüssel geben. Den Knoblauch schälen und dazupressen. Alles gut verrühren und evtl. die Kräuter unterheben.
4. Teig noch einmal durchkneten und auf der bemehlten Arbeitsfläche zu einem Strang rollen. Rolle in 12 Stücke schneiden. Aus den Teiglingen Kugeln formen und diese mit etwas Abstand zueinander auf ein mit Backpapier belegtes Backblech setzen. Noch einmal zugedeckt 20 Minuten gehen lassen.
5. Backofen auf 180 °C Umluft vorheizen.
6. Blech in den Ofen schieben und Brötchen 20 Minuten backen.
7. Brötchen aus dem Ofen holen und mit der Knoblauchbutter bestreichen. Am besten noch warm genießen.

Tipp:

Auch gut: In die Teigstücke mit den Fingern eine Kuhle drücken und ½ TL veganen Käse oder Knoblauchbutter hineinfüllen. Füllung mit dem Teig umschließen und Brötchen dann normal backen.

Pizzaschnecken

ZUBEREITUNGSZEIT: 2 STUNDEN

Für 16 Stück

ZUTATEN:

FÜR DEN TEIG:

300 g Mehl + mehr für die Arbeitsfläche
1 TL Salz
5 g Zucker
7 g Trockenhefe
180 ml lauwarmes Wasser
12 g Olivenöl

FÜR DIE FÜLLUNG:

50 g veganer Frischkäse
100 g Tomatenmark
½ TL getrockneter Thymian
½ TL getrockneter Oregano
Salz und Pfeffer
1 kleine rote Zwiebel
100–150 g veganer Streukäse
100 g veganer Thunfisch
100 g vegane Salami

1. Alle Zutaten für den Teig in einer Schüssel mit dem Handrührgerät zu einem homogenen Teig verarbeiten. Der Teig ist dann noch ein kleines bisschen klebrig. Den Teig 1 Stunde zugedeckt an einem warmen Ort gehen lassen.
2. In der Zwischenzeit den Frischkäse, das Tomatenmark, Thymian und Oregano in einer Schüssel vermischen. Nach Belieben mit Salz und Pfeffer würzen.
3. Die Zwiebel schälen und klein schneiden.
4. Den Teig auf der bemehlten Arbeitsfläche noch einmal durchkneten, dann zu einem Rechteck ausrollen. Mit der Frischkäsemischung bestreichen und mit Zwiebel, Streukäse, Thunfisch und Salami belegen.
5. Teig von einer Längsseite aufrollen und die Rolle in 16 Stücke schneiden.
6. Die Pizzaschnecken auf ein mit Backpapier ausgelegtes Backblech setzen und erneut 20 Minuten zugedeckt gehen lassen.
7. Backofen auf 180 °C Ober-/Unterhitze vorheizen.
8. Blech in den Ofen schieben und Pizzaschnecken in 15 Minuten goldbraun backen. Herausnehmen und warm servieren.